进阶吧！投资者 ⑤

不可思议的光伏（上）

齐乐　黄秋子　著
贝黑莱特　Toon　Dorothy　绘
雪球　编

中信出版集团 | 北京

图书在版编目（CIP）数据

进阶吧！投资者 . 5 / 齐乐，黄秋子著；贝黑莱特，Toon，Dorothy 绘；雪球编 . -- 北京：中信出版社，2024.1
ISBN 978-7-5217-6153-5

Ⅰ . ①进… Ⅱ . ①齐… ②黄… ③贝… ④T… ⑤D… ⑥雪… Ⅲ . ①投资－通俗读物 Ⅳ . ① F830.59-49

中国国家版本馆 CIP 数据核字（2023）第 213320 号

进阶吧！投资者 5
著　者：　齐　乐　黄秋子
绘　者：　贝黑莱特　Toon　Dorothy
编　者：　雪　球
出版发行：中信出版集团股份有限公司
　　　　　（北京市朝阳区东三环北路 27 号嘉铭中心　邮编 100020）
承印者：北京利丰雅高长城印刷有限公司

开本：880mm×1230mm 1/32　印张：12.25　　字数：157 千字
版次：2024 年 1 月第 1 版　　印次：2024 年 1 月第 1 次印刷
书号：ISBN 978-7-5217-6153-5
定价：109.00 元（上下册）

版权所有·侵权必究
如有印刷、装订问题，本公司负责调换。
服务热线：400-600-8099
投稿邮箱：author@citicpub.com

人物简介

甄真

初入职场的毕业生，投资小白

隐星基金公司创始人甄墨言之女，没有职场经验的投资小白，毕业于纽约大学金融专业，刚毕业，父亲就意外离世。为进一步了解父亲生前管理的投资组合背后的秘密，加入了隐星基金公司，在实际投资中逐渐建立起自己对投资的理解。

陈丙伸

能够看透复杂投资的"天才基金经理"

早年加入隐星基金公司，与创始人甄墨言亦师亦友，很快成为圈内的"天才基金经理"。在声名大噪时选择退隐，成为一名夜大讲师。退隐原因引发众人猜测……

甄墨言

隐星基金公司创始人、投资大佬

隐星基金公司创始人，负责把控公司整体的投资研究和投资策略。具有20余年投资市场相关经验，对中国及全球资本市场有深刻的理解，投资风格成熟稳健，通过独特且深入的调研，能够敏锐地把握投资机会。在一次调研中意外离世。

李轶君

隐星基金公司董事长、甄墨言挚友

与甄墨言共同创办了隐星基金公司，负责公司管理工作，具备卓越的管理能力和销售能力。在甄墨言意外离世后，把甄真招募进公司潜心培养，并找来了陈丙伸帮忙。

目录

第一话　神秘的明信片　　1

消除不了不确定性因素，信息量永远为零。

投资者课堂
如何高效读研报？

第二话　接受委托　　23

光伏产业的投资难度不小，但这不仅是投资一个产业，更是投资一场能源革命。

投资者课堂
美联储调息会对股市产生多大影响？

第三话　进入沙漠　45

光伏产业的最大影响因素是政策，在政策驱动下，未来市场还会继续保持增长。

投资者课堂
重资产行业、轻资产行业分别怎么投？

第四话　沙漠绿洲　69

几十万片电池板就像防护林，曾经寸草不生的沙漠竟能因此结出玉米，养鹅养羊。

投资者课堂
光伏产业的投资机会有哪些？

第五话　天才少女　93

抓住机会——光伏产业的每一次技术升级都会引发整条产业链的爆发式增长。

投资者课堂
光伏的技术升级对投资有何影响？

第六话 进入无人区　　117

光伏和电化学储能产业已经逐渐进入无人区，在电化学实验室里，有人正在投资未来。

投资者课堂
硅料有哪些用途？

第七话 光伏的周期　　141

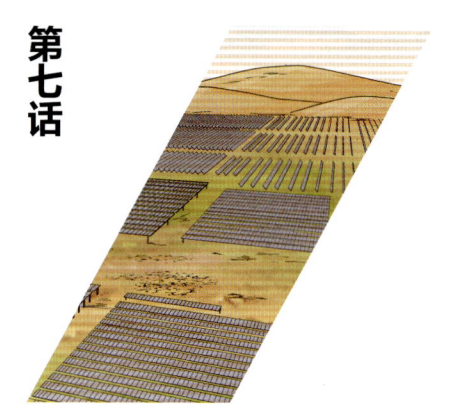

任何重资产行业从投资到产出都要经历一定的时间，找到可持续的"阿尔法"，你将顺利穿越周期。

投资者课堂
在波动的市场中，如何选择主动型基金？

第八话 破局　　163

向全产业链发展——在风云变幻的大海上，越大的船越难倾覆。

投资者课堂
高端制造企业需不需要向全产业链发展？

第一话
神秘的明信片

1月 北京

上周俄罗斯境内最低气温降到了零下60摄氏度，这是当地气象站近11年来监测到的最低气温。

本周这股超强寒潮大举南下，我国多地气象站的监测记录显示，当地气温打破了本月的低温纪录。

"三重"拉尼娜事件引发全球气候异常

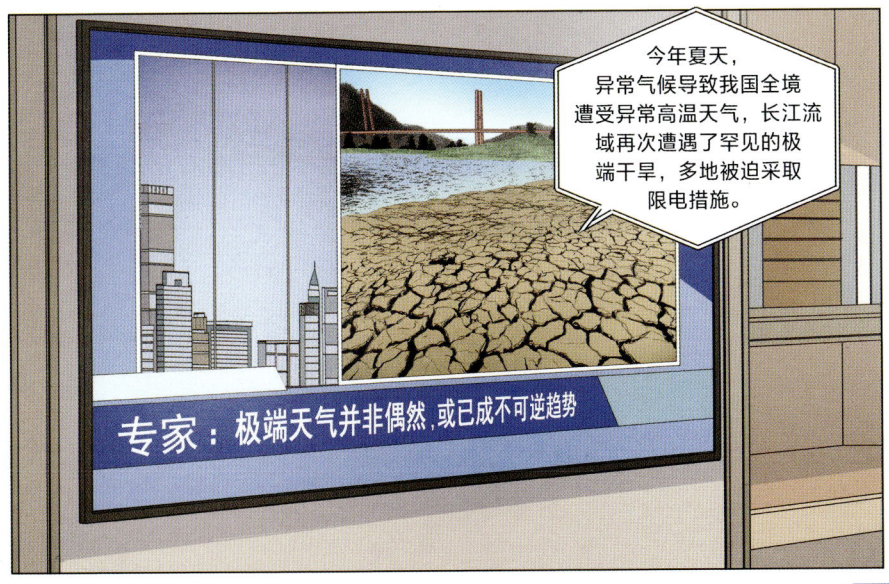

今年夏天，异常气候导致我国全境遭受异常高温天气，长江流域再次遭遇了罕见的极端干旱，多地被迫采取限电措施。

专家：极端天气并非偶然，或已成不可逆趋势

专家认为随着全球气候变暖，未来各地可能更频繁地遭遇此类极端天气……
给你做了热汤面，过来吃点儿吧！
感觉怎么样啦？
咳
咳
38.4℃……

你倒一直挺精神的。
果然笨蛋不会感冒……
这种天气还穿拖鞋出门，你才是笨蛋吧！
先把面吃了，布洛芬和连花清瘟，你选一个吧。止咳糖浆只能喝一瓶盖，不许多喝！
先把面吃了！不能空腹吃药！
好，好，遵命！不要和老妈子一样！

这个精神病……
居然开通了1000多个电视频道……
还有中文播报的韩国新闻？
继MG能源公司电池储能大楼起火后，仅隔五天，位于庆尚北道军威郡牛宝郡首川的太阳能发电厂发生火灾。
起火设施是配置在太阳能发电厂中的储能系统……

该储能系统使用的是由LG新能源提供的三元锂电池。
说来……储能板块也是轶君总之前交给我研究的课题之一。
在过去10年间，韩国发生了25起严重的储能电站爆炸事故和数次起火事故……
储能电池这么容易爆炸吗？
咚 咚
有你家的信！
来了！

跑掉了！这么着急吗？

明信片？

好多年没收过明信片了，确实是这里的地址……

寄信人是克拉达尔市第十中学高一理科实验班娜布其？

除了地址，什么内容也没写？等等，这是……

中学生？

这个表情……	不会是私生女吧？
	不对，不对，我在想什么啊！
	肯定有内幕！

这几天冷得要命，今天周五了，收盘后没什么事儿就早点儿回家吧。

好几个人都因为流感请假了啊。

咦？这孩子都长这么大了？

这是陈丙伸还在隐星时资助的一个学生，之前经常寄信到公司来。

但他一直把信丢在一边，拆都不拆，全堆在资料柜里。

啊？轶君总，您认识她？

这是昨天寄到陈丙伸家的明信片，没写内容，就这么一张照片。
这孩子还挺有办法，居然搞到了那小子的住址。
资助的女学生，从来不拆的信……难道……
难道有什么八卦？
嗯……时间还早。
和你说说也无妨。来我办公室说吧，有红茶和郭老新送来的辣味脆米虾饼。
哇！是嘉心源的新品吗？！
是啊。
好呀！好呀！

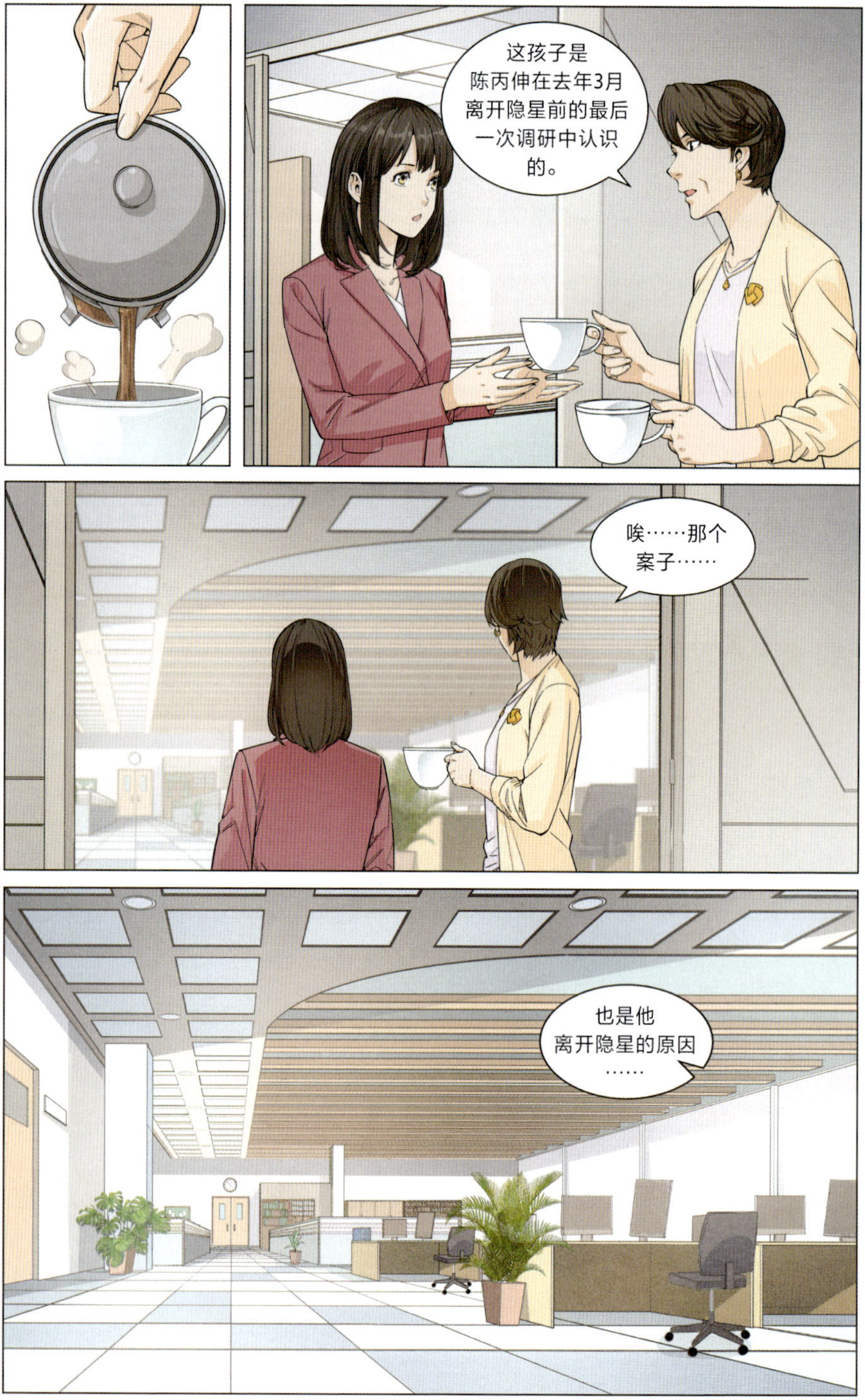
这孩子是
陈丙伸在去年3月
离开隐星前的最后
一次调研中认识
的。
唉……那个
案子……
也是他
离开隐星的原因
……

20个月前 隐星

陈丙伸
Chen Bingshen

哎呀！你这份研报……不行啊！

你知道"危险作业罪"已经正式入刑了吧？

那条信息，我还特意在咱们的信息系统里标红了！

“危险作业罪”入刑。各地依法严惩矿山超采，清退表外产能。
知道，知道，我看到过！
这次立法的重点打击目标之一就是煤矿的超能生产。
之前，国内很多煤矿的实际产能都比核定产能高得多。
这些在业内被叫作“表外产能”，你知道这个“表外产能”究竟有多大吗？

不……不知道……
这就对了！我也不知道。所有人都知道那个数字很大，但没人知道它到底有多大。
你把一个谁都不知道但必定会产生巨大影响的关键数据当作不存在，
只用你自己知道的那部分数据做预测，这样不合适吧？
我……我明白了！我这就去改！
不必了，没有这个数据，改什么也没用啊。
剔除不了不确定的东西，信息量永远是零。

还是先放放吧，近期这个板块的风险太大，搞不好都得“拉闸”……
我知道了！
铃铃铃
哔——
15分钟后去1号会议室，有个调查委托。
李轶君
调查委托？咱们什么时候变侦探事务所了？
唉，委托人是周鼎先，本来他想找墨言帮忙。可墨言最近一直在出差，就推荐了你。
李轶君

是那位通过自己的资管公司在咱们基金放了一大笔钱的周氏集团二公子?

是的。

是那家伙呀!我和他吃过饭。

虽然很张扬……

但是人嘛……

周鼎光

倒是不坏。

陈兄弟!你看我儿子!

你看我儿子下巴上的美人沟，人家都说这面相有福气！
确实好有福气呀！
一看就是富贵命！
不如你和嫂子再生俩，给小少爷做个伴儿？
不然浪费了老哥你这么好的基因……
哈哈哈，我也是这么想的，正在努力呢！

那家伙想调查什么？居然找到咱们这儿了。
具体细节，我也不清楚，而且我现在在外面回不去。你可以先查一下周氏集团最近的动向，找找线索。
15分钟后 隐星会议室
会议室
Conference Room
哈哈！
陈兄弟！又见面了！

进阶吧！投资者课堂

如何高效读研报？

大家好，今天为大家介绍的是雪球资深用户——指汇盈。

请他跟大家交流一下如何高效读研报。

大家好，我是指汇盈。

研报主要由券商的研究员出具，一般被称为卖方的研报，少部分由某些智库或民间研究机构提供。

投资者日常如果想要获取研报资料，需要购买一些专业的软件服务。

我们在阅读研报的时候，最需要关注的是关于企业的基本事实，一整套基本的逻辑大致如下。

首先需要了解这家公司所处行业的行业特征，比如这个行业当下的规模多大，以及过去的增速如何。

同时需要查明海外有没有类似的行业，如果有，他们的行业特征又是怎样的，我们这边的行业跟海外同类行业比，处于哪个发展阶段？

行业特征

行业地位

其次可以看这家公司在行业中的地位，它的市场占有率和排名、当前客观存在的竞争优势、发展历程、过去管理层承诺的事情兑现得如何……

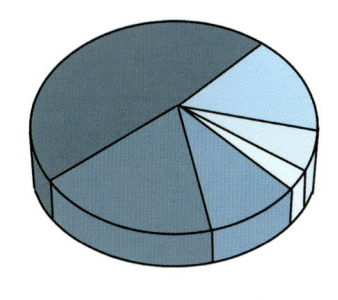

市场占有率

如果这家公司的业务比较复杂，那么还需要将其各个业务线拆分出来看，并分别进行相应的评估。

拆分业务

在弄清楚基本事实之后，就可以根据这些研报提供的信息进行定性分析和推断，此时不能简单盲从券商的分析，需要带入自己的想法来评判。

比如，某行业龙头能够占据当前的地位，是因为其具备哪些独特的竞争优势？这些竞争优势是否可持续？

竞争优势

进一步来想，它的市场占有率能否凭借这种竞争优势保持住，或者更进一步。

通过对券商研报的事实搜集和分析判断，我们可以更好地对投资标的进行深度分析，从而帮助我们做出投资决策。

事实搜集
分析判断

研报对于投资决策起到至关重要的作用。读懂研报，投资者才能看清楚手里的股票。

我在做研究时也会搜集大量的研报资料。那张神秘的明信片竟然与陈丙伸的离职有关，听说当时他接手了一份调查委托，到底是什么样的委托呢？

风险提示：漫画内容仅供参考，不构成投资建议，相关观点及意见不代表雪球立场，亦不代表雪球对其中任何行业或相关公司的判断。内容中数据来自万得。

第二话
接受委托

20个月前 隐星
哎呀！陈兄弟！
又见面了！
周鼎先
周氏集团二公子
周……少爷……
老哥可想你啦！
老弟呀，这次可拜托你了！要帮帮老哥呀！
到底……啥事儿呀？

你就是……陈丙伸?

甄墨言先生极力推荐，说您有卓越的头脑和洞察力。

没错！陈老弟很厉害的。

他可从没当我面这么夸过我。

李晓，
周氏集团总裁
助理。
隐星，陈丙伸！
那么就
由我来说明一下
本次委托。
周先生
之前投资了一家名为
普耀科技的光伏上市
公司。
当时
我们的下注很大，
之后一直处于十大
股东之列。
但这两年
普耀的业绩一直
不及预期，周家认为
这家公司应该有更大
的潜力。

所以希望
委托一直与周先生
有着良好合作关系的
隐星基金帮忙调查一下，
看看普耀哪里出了
问题。
以及我们
是否有必要继续
持有。
你们是
两年前进场的，
这两年普耀跟着整个
光伏板块也涨了
不少。
既然这样
的业绩都不及
预期，当初你们应该
做过很充分的
调研吧？
是不是这样，
鼎先兄？
啊？
啊，是的！
是的！

如果咱们能达成一致，我们的资料都可以共享。

所以……

你对这个委托有什么想法吗？

嗯，我现在知道两件事……

第一，这次真正的委托人不是鼎先兄，而是他的父亲——周氏集团的创始人周至贤老爷子。
稍微查一下就知道，李女士您跟了周老多年，一直是他身边最信任的人，业务水平也是业内公认的。
但在叙述委托内容的过程中，您在一段话中变换了三次主语：“周先生”、“我们”和“周家”。
提前15分钟通知我要会面，还留了这么多线索……
要是我走出会议室的时候连委托人是谁都没搞清楚，
你们大概会立刻另请高明吧。

况且在两年前，周家能拍板这种级别投资的人也就只有周老爷子了。
有理有据，那你说的第二件事是？
第二，周老的身体怕是出了什么问题，而且情况不容乐观。
你……你怎么？！

周老是投资界备受敬重的老前辈，我在哥大时就听过他的演讲。
他总是把“战斗到生命的最后一刻”这句话挂在嘴边。
BASSAVA
sciences
我在网上查到，10个月前周氏集团控股了一家正在研发阿尔茨海默病试验药品，但尚未完成Ⅲ期临床试验的的小型药企。
之后你们在去年美联储“大放水”的宽松环境中，陆续卖掉了美股市场上绝大部分科技股和成长股，
并将现金置换成几个优质港口及核心地段高档物业的股份。

这种吃长租类型的投资完全不符合周老的风格。
更像是在为家族保留低风险的长期资产。
而就在几周前，那家小型药企的药品因Ⅲ期临床试验数据不理想被FDA（美国食品药品监督管理局）拒绝了。
Health and Human Services
不过放心吧，鼎先兄。
这件事，我会守口如瓶的。
而且我很好奇，这种情况下，周老都不肯卖掉的企业到底是什么样的。

你在开会前的15分钟里查清了这些？
有10分钟在浏览你的粉丝私下建的网站。
啥？居然还有个粉丝群？
据说有十几个吧……

总之，
这个委托我
接下了。
至于回报
嘛……讨价还价
的事，你们找李轶君
就好。
还有一件事儿，
我们要
和你一起参与
调查。
这……
就不必了吧，
我习惯单干
……
这是委托人
的要求。

而且很多事情，有公司董事的身份会方便得多。	嚯！真的有个群！

好吧！我同意！

啊，对了！

你们集团……是不是有架私人飞机？

现在

哈哈哈！

还真像那家伙的风格……

唉，可他当时还是太嫩了，自以为看透一切，却漏掉了最重要的一点。

是什么？

其实从一开始，他们想委托的对象就是陈丙伸。

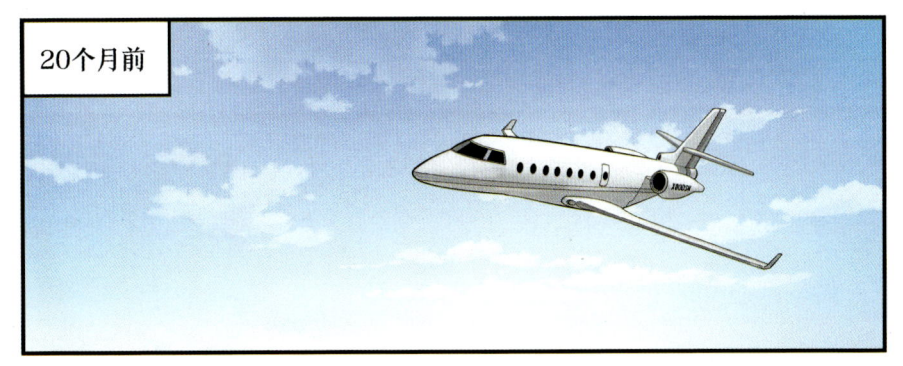

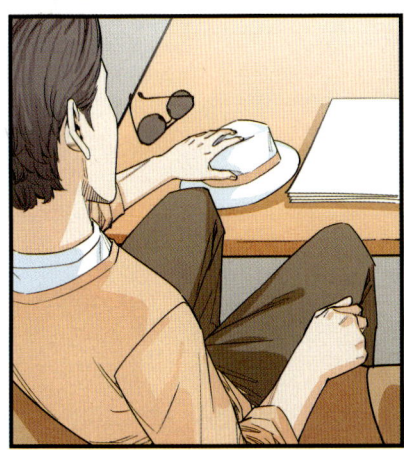

20个月前

什么呀！这么脏！都没好好打扫吗？

雷正起？

个人简介

雷正起，普耀科技创始人，1997年材料科学与工程专业研究生毕业。

哟？这名字霸气啊！

他在2003年创业时没什么钱，很务实地选择了从下游光伏组件做起。

组件干的都是安装、成组、入网之类杂七杂八的活儿吧？那不是没什么"油水"吗？

只有肯低下头来勤勤恳恳经营的公司，才可能响应灵活的需求，把各种规格的铝基材焊带、线束和胶条做好，成本做低。

就是因为做组件没"油水"，算是苦活儿、累活儿。

普耀就这样踏踏实实的做了10年，逐渐壮大成国内名列前茅的组件厂商，而且平稳度过了2012、2013年的光伏产业大冲击。

光伏产业大冲击？

喂，你要让他冒充委托人，好歹也先给他补补课吧。

2000—2013年，光伏产业经历过一段疯狂扩张的时期。

之前周氏的调研资料里都写着呢。

当时随着《京都议定书》在日本的签订，可再生能源在欧洲掀起过一次热潮。
德国通过了《可再生能源法》、西班牙实施了“皇家太阳能计划”，不少欧洲国家的太阳能发电装机容量增幅年年翻倍。
中国的很多光伏企业赶上了那个风口，迅速扩张，中国也在短短几年内成为全球最大的多晶硅太阳能电池组件出口国。
伴随需求的爆发，多晶硅价格在2004年达到40美元/千克，2008年一度飙升到400美元/千克，产业链下游的价格也水涨船高，几乎所有光伏企业都赚得盆满钵满，迅速催生出一大批富豪。
2007—2008年上半年最疯狂的时候，东部沿海地区一些做服装的小作坊买上两三台切割机和几根硅棒，切成片就能赚钱。90%以上的原料和设备从国外进口，90%的产品又出口到国外，是名副其实的“两头在外”的生意。
2008年金融危机导致需求突然萎缩，产能迅速扩张、过度繁荣后，坏消息接踵而来。随后，原来的明星企业不得不以破产收场。
2009年中国启动了“金太阳工程”。日本在2011年3月福岛核事故后，可再生能源政策支持重心向光伏发电倾斜。
自此，中国的光伏企业再一次实现了飞速发展。

现在

我在之前研究储能板块时看过一点儿光伏产业的东西，但还是不太清楚……

光伏是很有代表性的产业，从投资的角度看，难度不小。

要不……我来给你补补课？

补课？

好呀！好呀！

雪球 出品

进阶吧！投资者课堂

大家好，今天为大家请来的是雪球资管的史旭超。

请他跟大家聊聊美联储调息会对股市产生多大影响。

大家好，我是史旭超。

美联储调息会对股市产生多大影响？

美联储相当于美国的中央银行，它可以通过调整货币政策来调控美国经济。

美联储调整货币政策的途径比较具有代表性的是量化宽松和调息两种方式。

量化宽松是指美联储购买美国国债和抵押贷款支持证券等资产，直接向市场投放资金，帮助市场恢复活力。

市场

调息是指调整银行向美联储存贷款的利率，直接影响商业银行的资金成本，间接调节了银行间的拆借利率，进而传导至公司和个人。

美联储降息指银行向美联储借钱和存钱的利率降低，资金成本变低，公司或个人就更愿意扩张或消费，进而带动经济繁荣。

美联储的加息、降息政策会对公司的股票价格产生明显的影响。通常，美联储加息会使得股票价格下跌。

一方面，加息使银行向美联储存贷款的利率上升，资金的获得成本变高，公司的扩张就会减速，个人的消费就会减少，市场的流动性变弱后，股票价格很难再被炒得更高。

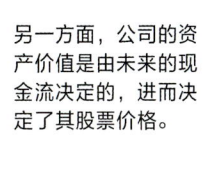

另一方面，公司的资产价值是由未来的现金流决定的，进而决定了其股票价格。

根据现金流折现模型，可以把公司未来所有的现金流折现到今年看值多少钱。

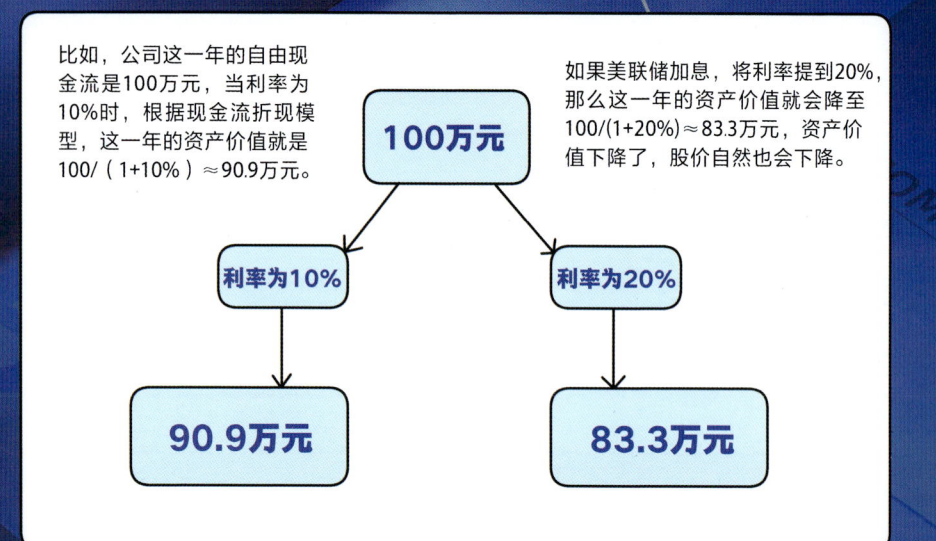

比如，公司这一年的自由现金流是100万元，当利率为10%时，根据现金流折现模型，这一年的资产价值就是 100/（1+10%）≈90.9万元。

如果美联储加息，将利率提到20%，那么这一年的资产价值就会降至 100/(1+20%)≈83.3万元，资产价值下降了，股价自然也会下降。

```
        100万元
       /      \
  利率为10%   利率为20%
      |          |
   90.9万元    83.3万元
```

> 美国的股市有世界各地的公司与投资者，因此一旦美股下跌，很多国家的股市也会跟着下跌。

> 对美国之外的资本市场而言，美联储加息还会加速美元回流，进一步导致当地股市下跌。

> 因此，对上市公司和投资者来说，如何应对美联储加息造成的短期股市震荡是必修的课题。
>
> 周氏集团委托陈丙伸查明普耀科技存在的问题，我隐隐约约感觉有些问题。和甄真讲述陈丙伸的离职故事，也顺便给她补习一下光伏产业的知识。

风险提示：漫画内容仅供参考，不构成投资建议，相关观点及意见不代表雪球立场，亦不代表雪球对其中任何行业或相关公司的判断。内容中数据来自万得。

第三话
进入沙漠

现在业内已经达成一个基本共识，光伏产业的核心是降低度电成本，就是全产业链下每度电的综合发电成本。

嗯……好像稚歌的洪总也说过，成本控制是养猪企业的生命线。

猪企的终端产品是猪肉，光伏企业的终端产品是电，二者都是无品牌感知的同质化产品。

所有这种在消费端没有感知差异的行业，比拼的都是成本。

你想想看，还有哪些行业也是这样的？

嗯……能源、金属和常见的农产品？

这么说，大多数大宗商品都有这个特点呢！

怎么说呢，我在稚歌的时候就觉得，企业的成本优势似乎都是靠无数次技术迭代和管理改进一点一点积累起来的。

就像《一代宗师》里宫二对功夫的描述，是纤毫之争……

对于很多大宗商品产业链中的企业确实如此,但光伏还有它的特殊之处。

举个例子,现在光伏发电的成本已经略低于燃煤发电。

但在10年前,光伏发1度电的成本要2块钱,燃煤发电的成本只有3到5毛钱。

那每发1度电岂不就要赔80%?!

你想想看,既然如此,为什么还有那么多企业积极参与其中呢?

因为这个产业中存在一个最大的影响因素——政策。

政策?

无论是中国还是欧美国家,可再生能源产业一开始都是被政策和补贴扶植起来的。

太阳能电池早在1953年就被研究出来了。

PUMPS CLOSED

可直到20世纪70年代,油价暴涨导致第一次石油危机,美国政府才开始重视太阳能产业,并投入了大量资金。

到20世纪80年代,美国太阳能产业一度占据了全球85%的市场。

但美国对太阳能的投入主要基于能源安全方面的焦虑。往往是油价一涨，就提高对太阳能产业的投入，油价下降后立刻缩减，所以其优势没能延续下去。

进入20世纪90年代后，美国对太阳能产业的支持极度萎缩，日本和德国趁机成为这个行业的引领者，培养出了三洋、夏普、西门子等一批产业领军者。

到了世纪之交，绿色环保逐渐成为欧洲的核心议题。与美国对光伏的功利心态不同，欧洲一度几乎把环保当成信仰。

REBEL FOR LIFE

于是在21世纪初，西欧国家纷纷推出了力度极大的补贴政策，鼓励本国能源转型。

我国的光伏产业就是在这个阶段吃到了第一波红利。

不过没过几年就发生了那件事。

"那件事"？

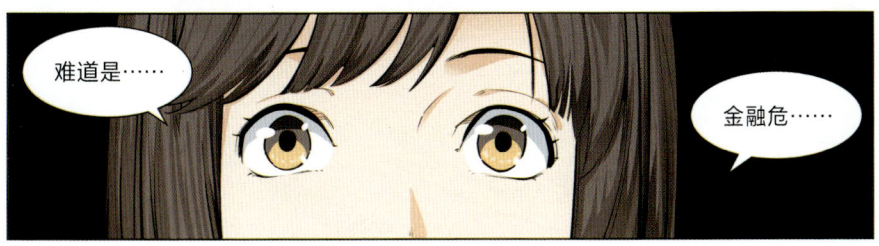

难道是……

金融危……

20个月前
私人飞机上

2008年金融危机！

那场危机
导致当时光伏装机
容量占全球50%的欧盟大幅
降低了对新能源产业补贴
的力度，光伏市场迅速
萎缩。
金……金融
危机!
比如最有
代表性的西班牙，
新增光伏装机容量一年缩
水了97%，市场几乎在
一夜之间消失。
而且为了
保护本国的光伏
企业，欧美国家纷纷
开始对中国的光伏
产品实施“双反”
制裁。
对我们
征收超过200%的
反倾销税。

这件事引发了中国和欧盟有史以来最大的贸易摩擦，到2018年才逐渐平息。
结果就是，从2012年开始，中国光伏产品出口额一下子跌到了高峰时期的1/3。
当时光伏企业几乎全部陷入巨额亏损，光伏上市公司总市值一度蒸发了99%，国内90%的光伏企业被迫停产。
为了挽救国内的光伏产业，中国也推出了大量的补贴政策。
当时，普耀的光伏组件业务主要在国内，不仅没怎么受影响，还借着政策优势在那股破产浪潮中逆势扩张。
在几年内先后把业务延伸到了上游的电池板和硅片环节。

看来，你们家老爷子不愿意放手这只股票确实有点儿道理。

可似乎咱们的产业补贴政策总是会受到不少非议……

都是花钱，也得看怎么花嘛。

像欧盟那么搞，多少家底儿都不够败的……

我们在西部计划里给大量戈壁沙漠地区安装了光伏板，用那里丰富的太阳能资源和成本低廉的土地建了不少超大规模的光伏电站。

再配合特高压输送到东部的用电大省，这些年我国的光伏装机容量和发电量年年都是世界第一。

现在从原材料到终端产品，我们已经实现全部国产化。

全球20大光伏企业有18家来自中国，普耀的规模虽然在国内并不算大，但也挤进了这个榜单。

唉！还是老头子会做投资……

目前光伏发电的度电成本已经降到和火电基本持平，而这个成本在未来10年内还有15%~25%的下降空间。

那这家公司岂不是很有前途？！

我去年看石油价格跌到熔断，吓得赶紧把手上那几家能源公司的股票全都卖了。

结果美联储玩儿命"放水"，今年石油和煤炭一个劲儿地涨！

真是气死个人！看得我那叫一个心疼！

呵呵，你啊，还是把钱交给专业人士打理吧。

啥？

你什么意思？你说我不行是不是！

光伏产业最大的问题是技术升级频繁，却偏偏还是个重资产行业。
现在
这条产业链上的硅料、硅片、电池片甚至组件和电站，
每项都有多条技术路线和各自的工艺流程，都需要投入巨额资金才能获得入场券。
可以说，光伏产业中的每个环节都属于重资产行业。
硅料
硅片
电池片
组件
光伏电站
嗯……好像很多投资的图书和课程都说，要尽量远离重资产，拥抱轻资产。
这种说法并非没有道理，在重资产且技术变革频繁的行业里，行业龙头很难积累竞争优势。

而且可能因为技术变革过快导致过往的投资迅速变为落后产能，让昔日龙头的"先发优势"变成"先发劣势"，投资的风险也会大大增加。

那为什么光伏投资市场看起来还很火热呢？

我刚才讲，光伏产业最大的影响因素是什么？

啊……是政策？！

但我记得之前看过一份文件，好像说从今年开始，新备案的风电和光伏项目都不再给予补贴了……

因为风电和光伏的成本已经可以和化石能源正面竞争，
即使没有补贴，投产光伏也可以赚钱，国家自然就不必继续补贴。
但政策对这个行业的影响依然巨大。
这些年在政策的规划和推动下，我国光伏市场每年都以20%~30%的速度增长。
而按照我们2030年前实现碳达峰、2060年前实现碳中和的规划，未来光伏市场还会继续保持增长。
明年我国预计新增光伏装机容量110~130吉瓦，这个数字是10年前装机容量的10倍。

虽然技术升级频繁，并且重资产带来的风险和波动不会消失，但这样一个在政策驱动下能长期保持超高增长率的市场，依然可以吸引足够的投资者。

用你父亲的话说……

就像在狂风巨浪中追寻着诱人的宝藏。

20个月前
塔布奇

这里风沙好大呀！

三位辛苦了，雷总让我为各位安排今天参观调研的行程。

落地
就有人接机，
大股东果然有
排面。
我是
普耀负责电池板
生产和维护的总
工程师。
你们
叫我“老白”
就可以。
那么，三位请
上车吧。
哈？！

550牛米的峰值扭矩，定制越野泥地胎和防脱圈轮毂！
涉水深度可达1200毫米的涉水喉，这越野车是顶配啊！
嘿嘿，工作需要嘛。
路程有点长，要穿过一段沙漠，请各位系好安全带。
后排也要系？不至于吧。
要的！
啊！喂！要不要这么快！
有点远，咱们要赶时间……

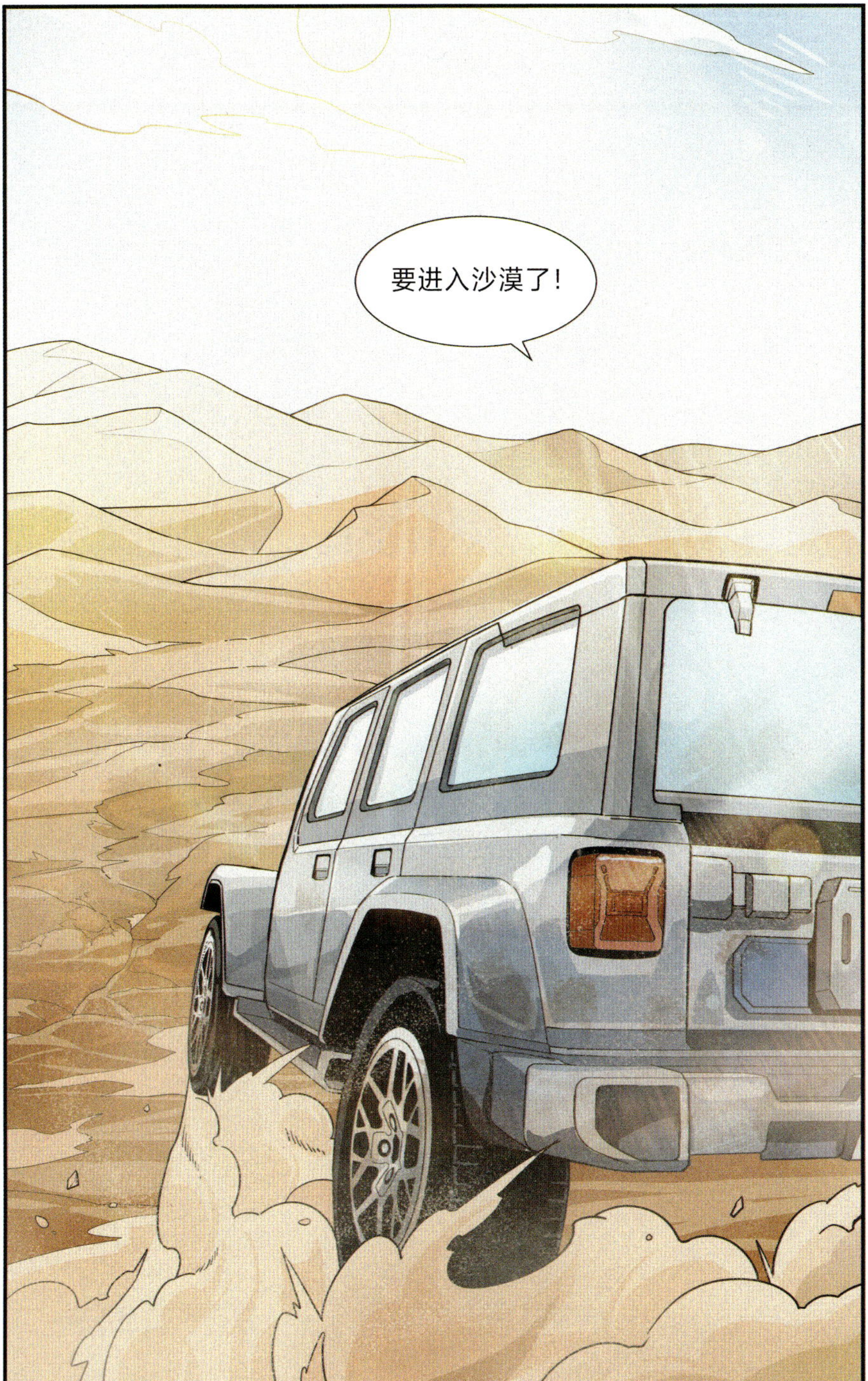
要进入沙漠了!

进阶吧！投资者课堂

重资产行业、轻资产行业分别怎么投？

> 大家好，今天为大家请来了雪球的人气用户——何时投资。

> 请他跟大家聊聊重资产行业、轻资产行业分别怎么投。

> 大家好，我是何时投资。

> 根据公司起步时固定资产占总资产比重的大小，可将其分为重资产公司和轻资产公司。

> 比如，钢铁、运输、机场等行业就属于重资产行业，旅游、互联网、软件等行业就属于轻资产行业。

公司的财务报表可以体现出二者的区别。首先看资产负债表，重资产公司前期负债率较高，轻资产公司起步时负债率较低。

资产负债表

利润

其次从利润上看,重资产公司每年要折旧摊销固定资产,轻资产公司的销售管理费用等可变成本占比更高。

折旧摊销固定资产

重资产公司

现金流量表

最后从现金流量表看,重资产公司的资本开支会侵蚀自由现金流,在行业扩张时,其资本支出占营收的比重更高。

销售管理费用等可变成本

轻资产公司

一般来说,轻资产模式的公司的供应链管理能力和产品可外包性都比较强。

在供应链管理难度大的情况下,会把垂直整合为重资产模式作为替代方案。

例如,比亚迪做全产业链,是重资产模式;新势力造车选择代工,属于轻资产模式。

同一行业中的公司受自身战略定位的影响,会选择不同的资产模式。

公司的战略定位一方面取决于供应链管理能力,另一方面取决于产品的可外包性。

此外，重资产模式和轻资产模式有不同的核心竞争力。

重资产公司的核心竞争力是大规模和高质量资产，例如航空公司，前期需要投入大量资本，形成高门槛。轻资产公司的核心竞争力大部分来自科技研发与品牌营销，如奢侈品公司，以强大的品牌获得高额利润。

总之，重资产模式和轻资产模式没有好坏之分，二者可以相互转化。从财务报表角度来看，格力电器早期是重资产公司，经过多年经营，赚取了丰厚的利润，现金在总资产中占比较高，可以持续大比例分红，并且已经从重资产公司变成了轻资产公司。

重资产公司和轻资产公司的主要区别是固定资产占总资产比重的大小，二者都有自身的核心竞争力，并无好坏之分，所以在投资时要做到具体分析。

普耀就算标准的重资产公司，虽然跟着光伏风口涨了不少，但不及预期。看看实地调研能否发现端倪。这里的风沙真大！

风险提示：漫画内容仅供参考，不构成投资建议，相关观点及意见不代表雪球立场，亦不代表雪球对其中任何行业或相关公司的判断。内容中数据来自万得。

第四话
沙漠绿洲

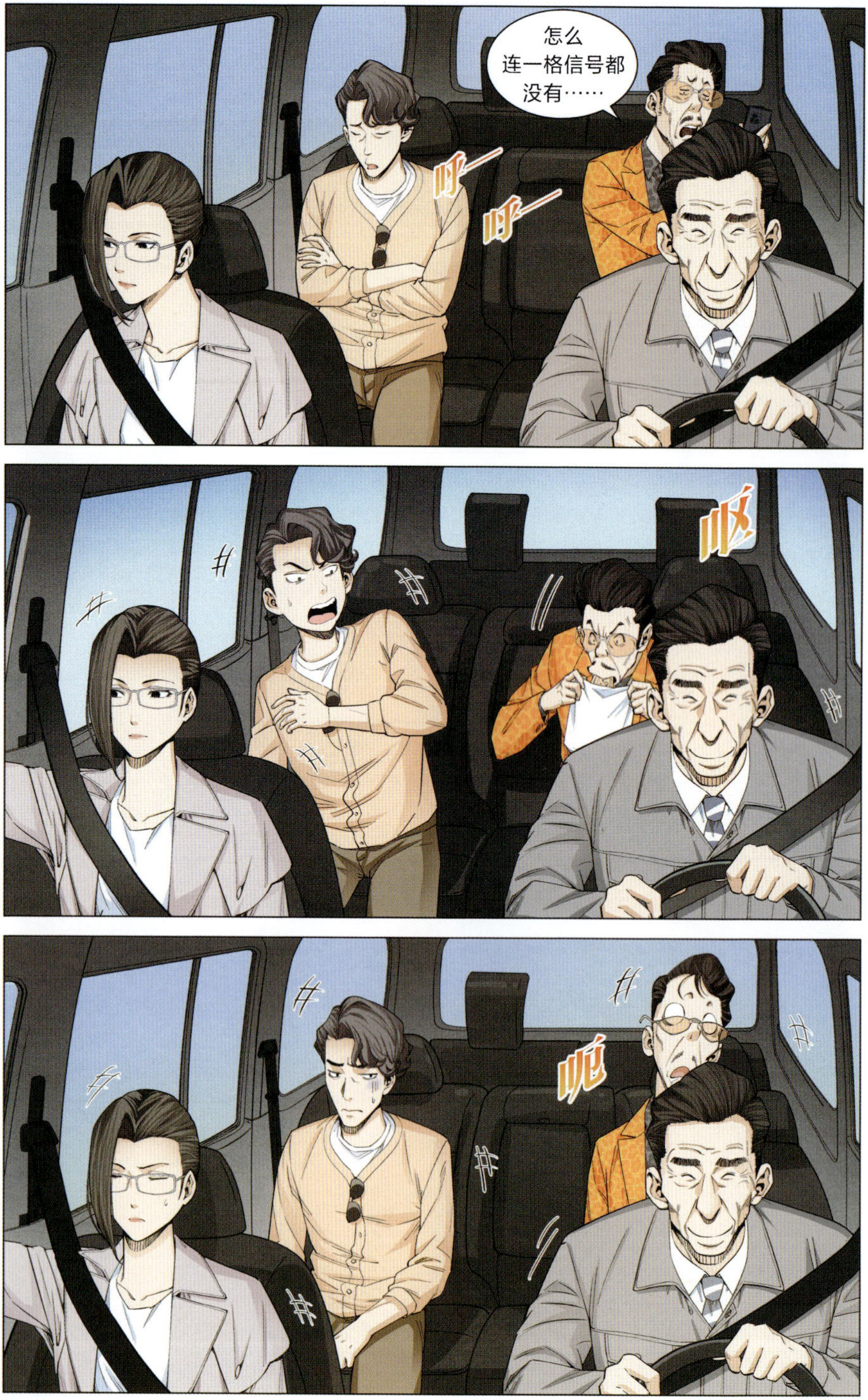
怎么
连一格信号都
没有……
呼——
呼——
啾
呃

还没到吗？我都没的吐了！
快了，快了。
就是这里了，塔布奇沙漠，旁边就是永兴村示范站。可以先上个厕所，休息一下。
呕
没事吧，周先生……

这是片不大的沙漠，但风大的时候沙子刮得也挺猛烈的。
陈总是北京来的吧？估计体会过沙尘暴的威力。
我说怎么一刮风嘴里的味儿这么熟悉，原来是小时候的味道。
总算有信号了……
我也去喝口水，嘴里都是味儿。

你们好……

你们买东西吗?

在沙漠里卖矿泉水?想法倒是不错……可惜我们车上有好几箱呢。

我这还有晕车药、充电宝和口罩。

欸?

哦哟，救命了小祖宗！快给我盒晕车药！
有晕动片和晕海宁，要哪种？都是20元一粒。
这么贵?!
唉！算了，算了，每种先来两粒。
可是……我没带现金呀！
嘿嘿！可以扫二维码！

你是……女孩子吧？头发怎么剪得跟个假小子似的。

我家在隔壁村，路上沙子多，长头发不方便。

那你怎么想到出租充电宝的？

外面的人到这儿，要么走国道，要么抄近路穿沙地。中间都有一大段没信号，手机掉电很快的。

76

对了,你刚才说还卖口罩?

就是普通的医用口罩,风大的时候容易吃沙子。

不过今天没什么风,你们就不用买啦!

这小丫头……还挺灵的。

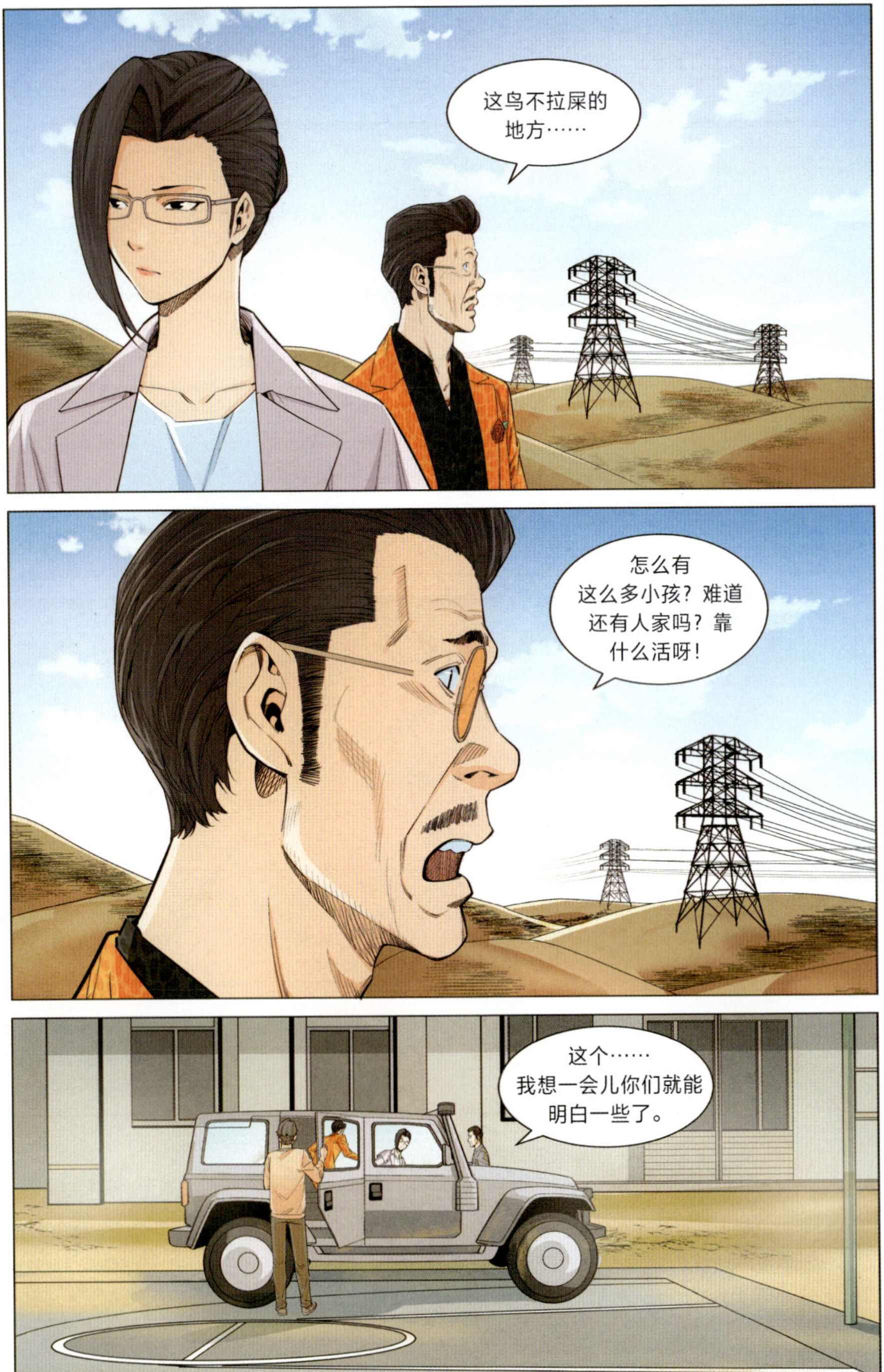
这鸟不拉屎的地方……
怎么有这么多小孩？难道还有人家吗？靠什么活呀！
这个……我想一会儿你们就能明白一些了。

这一大片……都是吗？

嘎!嘎!
嘎!嘎!

这……这是在……沙漠里?!

这座光伏示范电站规模不大，占地800亩*，到地平线那头全都是。

总共30兆瓦规模，通过特高压电网把电送出去。

*1亩=666.67平方米。——编者注

沙漠里年日照时长3100个小时，这座光伏示范电站去年的入网收入将近2000万元。

当地政府在塔布奇沙漠规划了5万亩光伏电站，是这个示范电站的60倍大。

现在大部分都已经建成并网了，相当一部分用的是我们普耀的设备。

谁……谁能给我解释一下，这些动物……还有玉米地是怎么回事儿？

是啊！

这种超大规模工业装置带给人的震撼，真的要亲临现场才能体会啊。

这地方年均降雨量400毫米，蒸发量却有2000毫米，在建起电站前本来是寸草不生的。

就连专门防风固沙的植物种下去都会干死。政府想治沙也雇不到人，外地人不愿意来，本地人还要外出打工讨生活。

当初建设电站的时候,为了稳固地基,在沙地里加入了红土,还会注水帮助成孔固定。相当于做了最基本的水土改良。

电站里几十万片电池板就像防护林一样,能降低风速,减少水分蒸发。

而且电池板可以为下面的土地遮蔽大部分阳光,在中午最热的时候,电池板阴影下和外面的地表温度能差30多摄氏度。

再加上要定期用水清洗电池板以保证发电效率,那些水正好可以用来灌溉土地。

怪不得那边没种东西的电池板下面也会自己长出草来……
大治！你过来一下！
让杨大治和你们说吧，他就住在附近，这些玉米都是他种的。
大治和村里很多人一样，之前每年都要出去打工，电站建成后他就留下来了，还和老婆生了个娃娃。
嘿嘿……

那片玉米都是您种的？
是啊，我当时也只是试试，结果发现电池板下面连玉米这种大田作物都能活。
后来我又在空地种了些饲草，也不需要打理，这样就能养些鹅了。
还有的地方放着不管也会自己长出杂草，于是我又养了一些羊来吃草。
做这些能赚钱吗？
我之前出去打工，扣除自己在城里的开销，一年也就能落下两三万元。

现在在家种地，加上养点儿鹅和羊，一年能有十来万元呢。
嘿嘿……现在村里的人基本都不出去打工了，还要从外面雇人呢。
嚯，差距这么大！
那这个工程功德无量啊！
你们可以先在附近转转，一会儿我再带你们去别的地方看看。

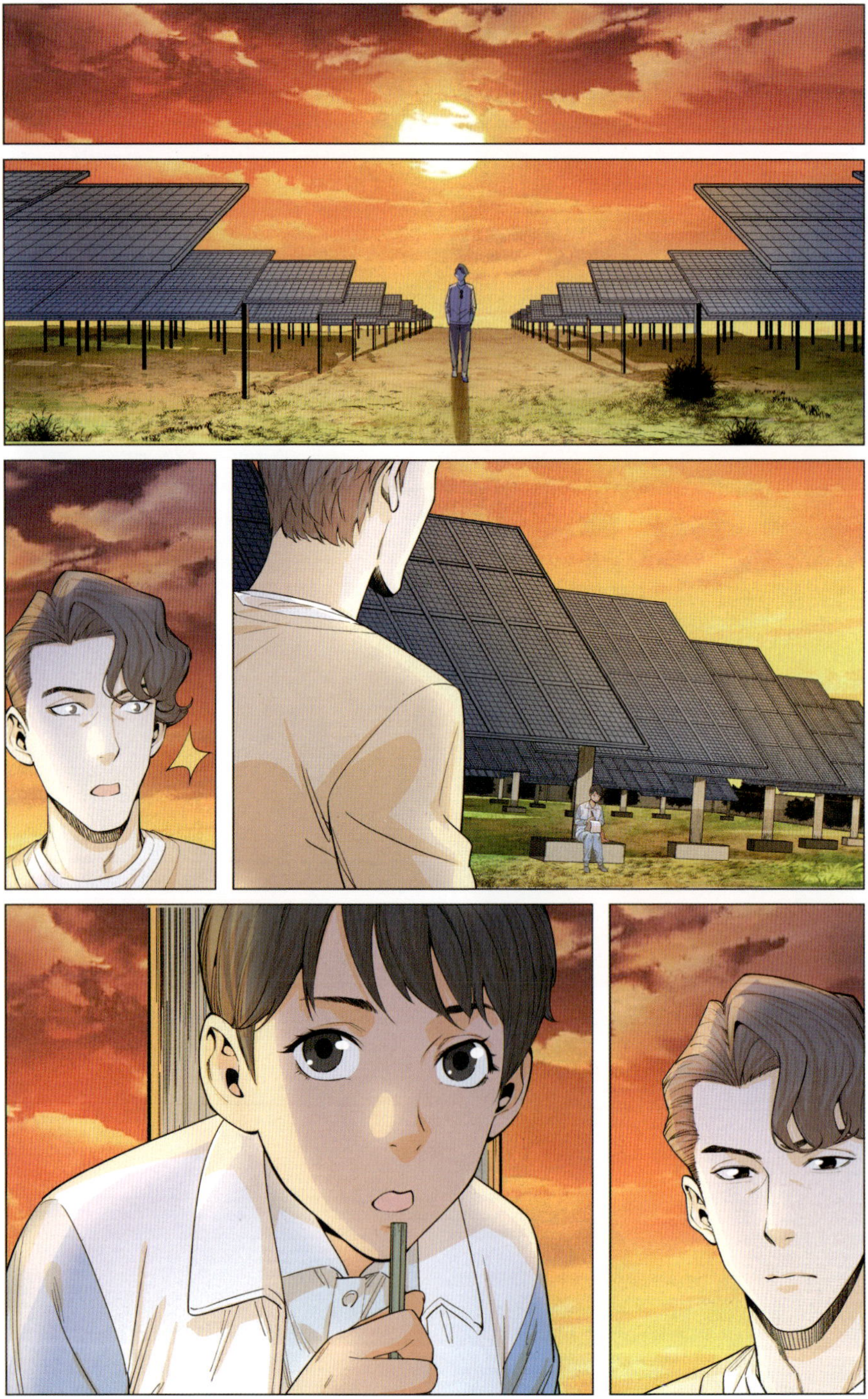

进阶吧！投资者课堂

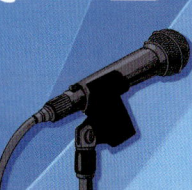

大家好，今天为大家请来的是雪球的人气用户——老红看光伏。

请他跟大家交流一下光伏产业的投资机会有哪些。

大家好，我是老红。

光伏产业的投资机会有哪些？

我认为光伏产业至少还有20年的高速发展期，因为投资光伏不仅是投资一个产业，还是投资一场能源革命。

这个投资机会是由光伏、储能、电网等产业中的企业共同创造的，你投资的光伏企业将在这个过程中获取多大的市场份额，就要看它的综合发展能力了。

光伏的市场需求仍在不断增长。此前统计数据显示，全球光伏累计装机容量在2015—2021年增幅达278%。

中国光伏行业协会预计，到2025年，全球光伏新增装机容量有望达到330吉瓦。

光伏产业的投资具备价值投资和长期投资的基础。我们需要认识到两点。一是，要高度关注光伏发电的综合成本问题。受日照变化影响，光伏发电无法实现平滑输出。

要成为电网最受欢迎的可再生能源，光伏发电当前需要与多种储能形式结合，未来会在智慧能源的背景下持续发展。光伏发电的竞争成本一定是综合成本。

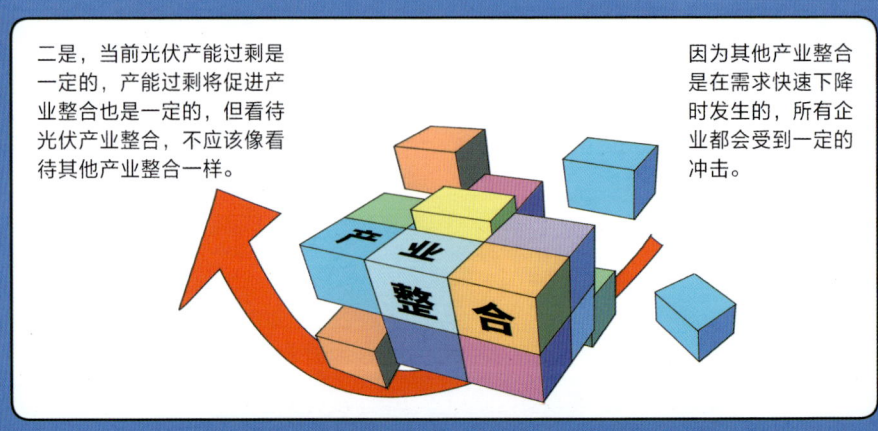

二是，当前光伏产能过剩是一定的，产能过剩将促进产业整合也是一定的，但看待光伏产业整合，不应该像看待其他产业整合一样。

因为其他产业整合是在需求快速下降时发生的，所有企业都会受到一定的冲击。

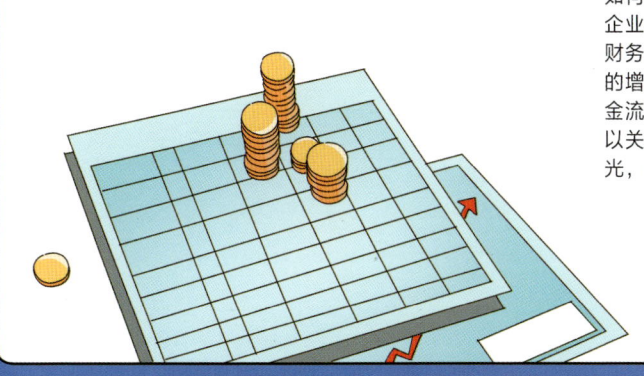

而光伏产业并非如此，它的产业整合发生在需求快速增长的背景下，新的巨大的需求随时可能出现。

因此在产业升级过程中，优秀的光伏企业受到的冲击较小，也会获得更长远的发展。

如何判断光伏产业的优秀企业呢？我们可以观察其财务报表：营业额和利润的增长幅度是否突出、现金流是否健康。同时，可以关注企业是否有战略眼光，能否抓住发展时机。

光伏产业目前仍然是朝阳产业，把握好光伏产业中存在的机遇，得到的不仅是投资光伏产业的机会，而且是投资一场能源革命的机会。

光伏+种植、光伏+畜牧，初到塔布奇沙漠，光伏产业的新变化已经让陈丙伸大开眼界。想必接下来的实地调研会更有意思！

风险提示：漫画内容仅供参考，不构成投资建议，相关观点及意见不代表雪球立场，亦不代表雪球对其中任何行业或相关公司的判断。内容中数据来自万得。

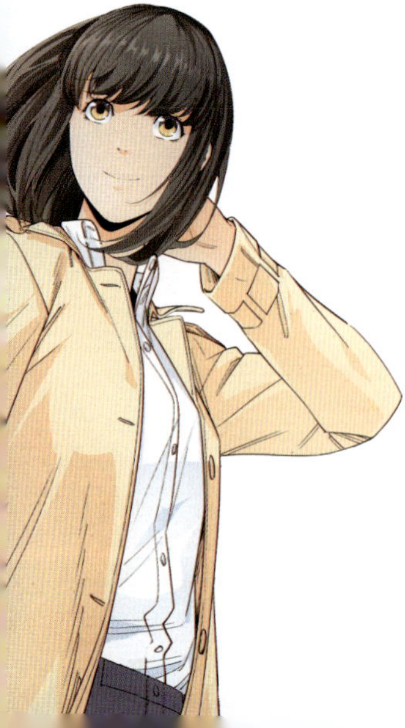

第五话
天才少女

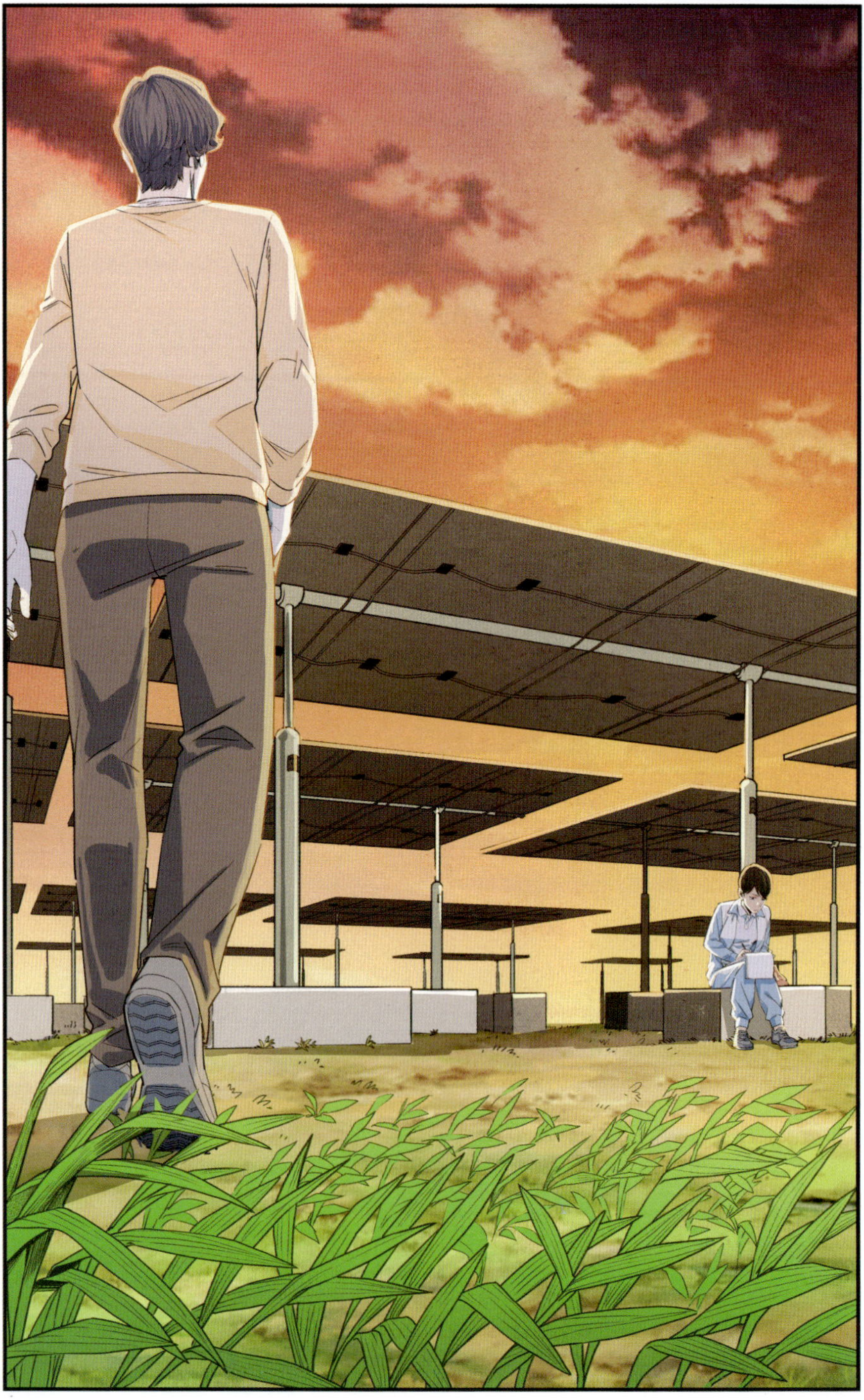

是刚才卖东西的女孩?

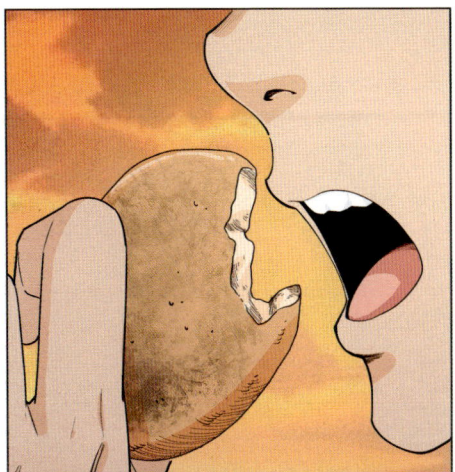

这孩子是在写数学作业吗?

不对，这个复杂度对中学生而言也太夸张了。
构型倒是看着挺眼熟的，可那些不规范的运算符……不会是她自创的吧？
等等，她在算的难道是……
豪斯多夫测度？
啊？

没事，就是想看看你在算什么呢。
哦……我想算算沙丘是怎么被风吹走的。
不过，在这一步卡住了。
哦，果然……
你学过分形几何？
那这种计算方式，你是从哪儿学的？
我自己琢磨的……

网上
找了一些免费
教程!
是谁
给你出的这种
题目?
没人出
啊，我自己想
到了就随手算
一下。
嗯……
怪不得第一眼
就觉得你有点儿
不一样。
给！尝尝
这个，挺好吃的。

飞机上拿的，免费！

反正没人吃也是浪费。

嗯！好吃！谢谢。

别客气，我叫陈丙伸，你呢？

我叫娜布其。

丙伸……
丙申年是猴年
吧？
嘿嘿，
和你感觉还挺
像的。
喂……
你知道
我小时候被叫了
多久那个外号吗？
算了，
不提了，刚才
跟你一起的那些
小孩呢？
他们都
回家吃饭了。
我不是这个村的。
哦，这样
啊！你很喜欢
数学吗？

嗯！喜欢！

所以，你平时出门都带着几个本子算数学题？

这是我妈用我在印刷厂捡的边角料缝的。

她要我把算稿都留着，家里都有几十本了。

说以后考大学可以用。

你多大了？看着最多上初中吧？你家里人呢？

我14岁，初中读完了。我妈腿脚不好，出不了门，我爸之前在镇上的化工厂做保安看煤山。
但年初厂里的煤山关了，他就去南方打工了。
我爸说，到年底我们村也要装这种电站，到时候会有很多活儿干，他就不用每年都出去啦。
而且还能多赚钱，让我和妹妹读高中。
原来是这样啊……
对了，电站这一片，你熟吗？比如我要是想知道每天的发电情况之类的，该问什么人。
嗯……那边有个值班室，里面的人每天都记录，他们都会把数据抄在本子上。
值班室？

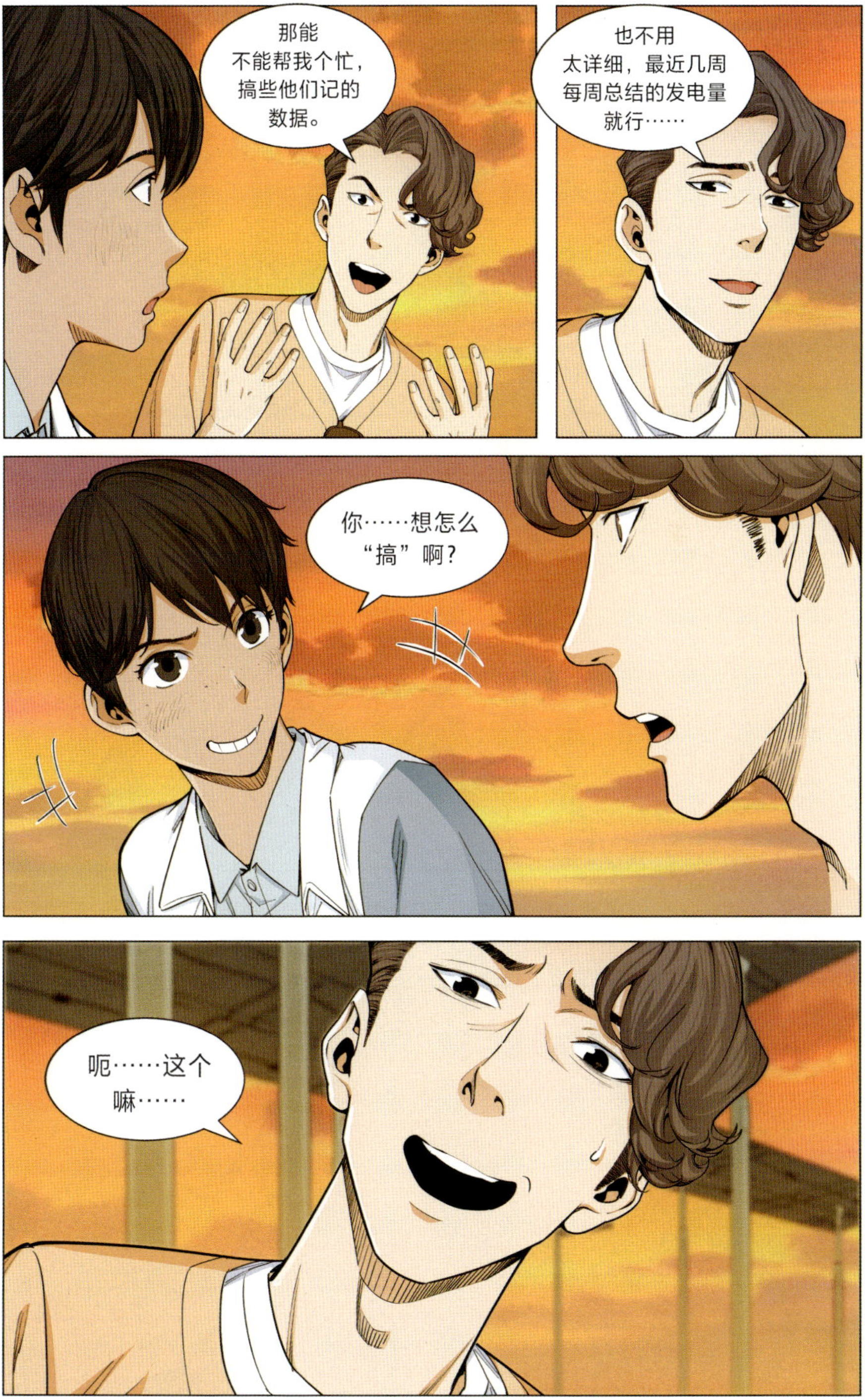
那能不能帮我个忙，搞些他们记的数据。
也不用太详细，最近几周每周总结的发电量就行……
你……想怎么“搞”啊？
呃……这个嘛……

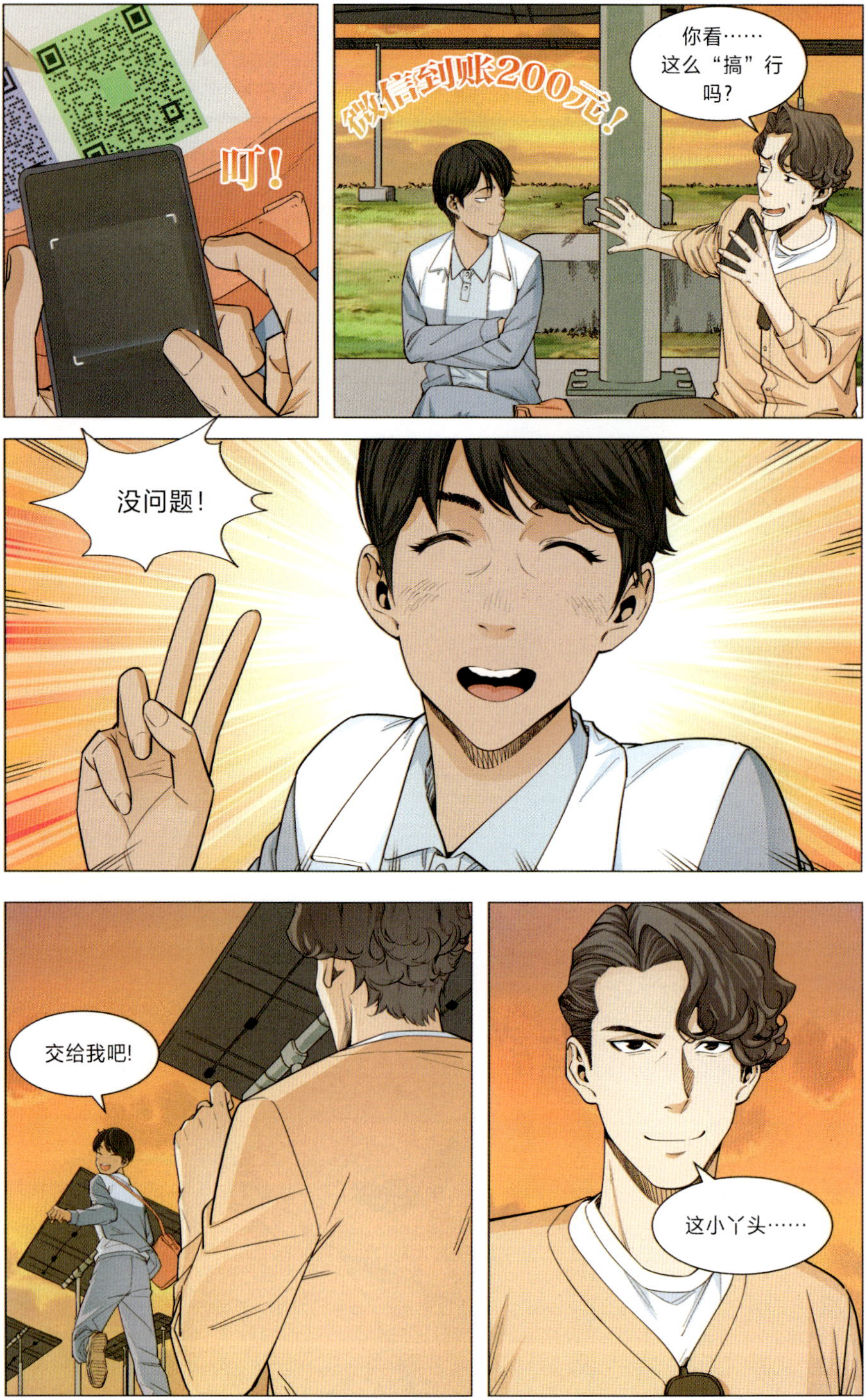
叮！
微信到账200元！
你看……
这么"搞"行吗？
没问题！
交给我吧！
这小丫头……

未来这里的电站还规划再建一片大跨度的跟踪式光伏支架，方便用小型农机进去播种和收割。
到时候当地人可以在支架下面种些药材、红枣之类的作物，不过这都是以后的事儿了……
想想未来这儿将变成一片绿洲，真让人充满期待呀！

咱们今天
的参观差不多告一
段落了。
哎哟……
实……
实在走不动了！
企业调研原来这么
累吗？
这才
哪儿到哪儿啊……获
取第一手资料的代价
是很高的。
我想起来了！
我有个山西的哥们儿，
家里有矿那种，他们在
老家也投了个光伏
电站。
回头
我也跟他打听
打听……

哈哈，这才上道嘛。情报来源从来都是多多益善。

那我送你们回酒店，走国道没多久。

那小丫头怎么还没弄完……我还得拖延一下时间……

对了！老白，我打听一下……

听说这附近有个化工厂？

是啊，那个厂挨着河口，是生产乙烯的，我们电池板上的EVA和POE胶膜就是用那种材料做的。
今年他们的乙烯好像还涨价了呢……
你才刚来，怎么知道本地的化工厂的？
哈哈，就是偶然听说，随便问问。
化工行业，我也不是很懂……
嘀嘀
那个……我先去那边放个水哈！
这家伙，真是……

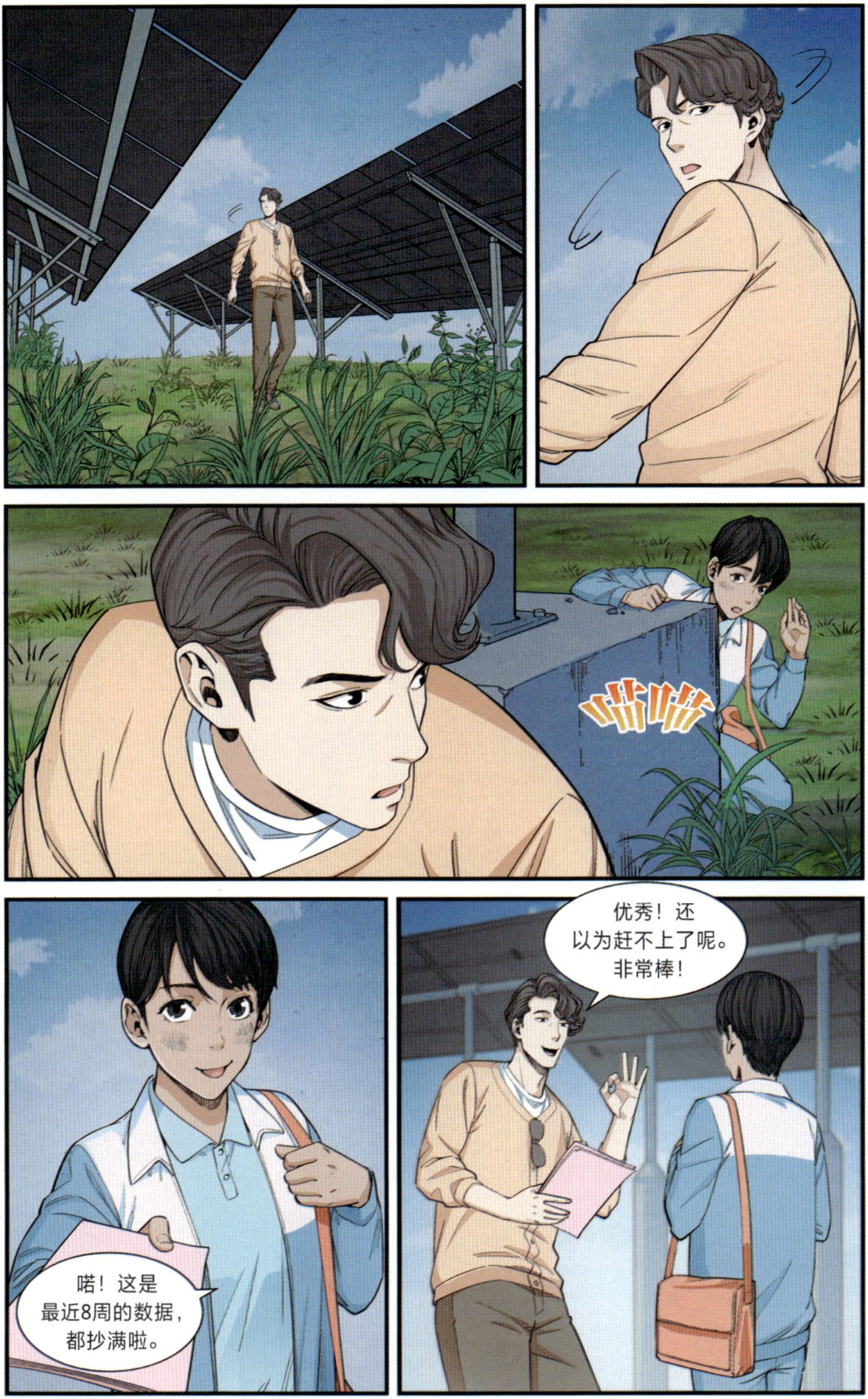
嗒嗒
喏！这是
最近8周的数据，
都抄满啦。
优秀！还
以为赶不上了呢。
非常棒！

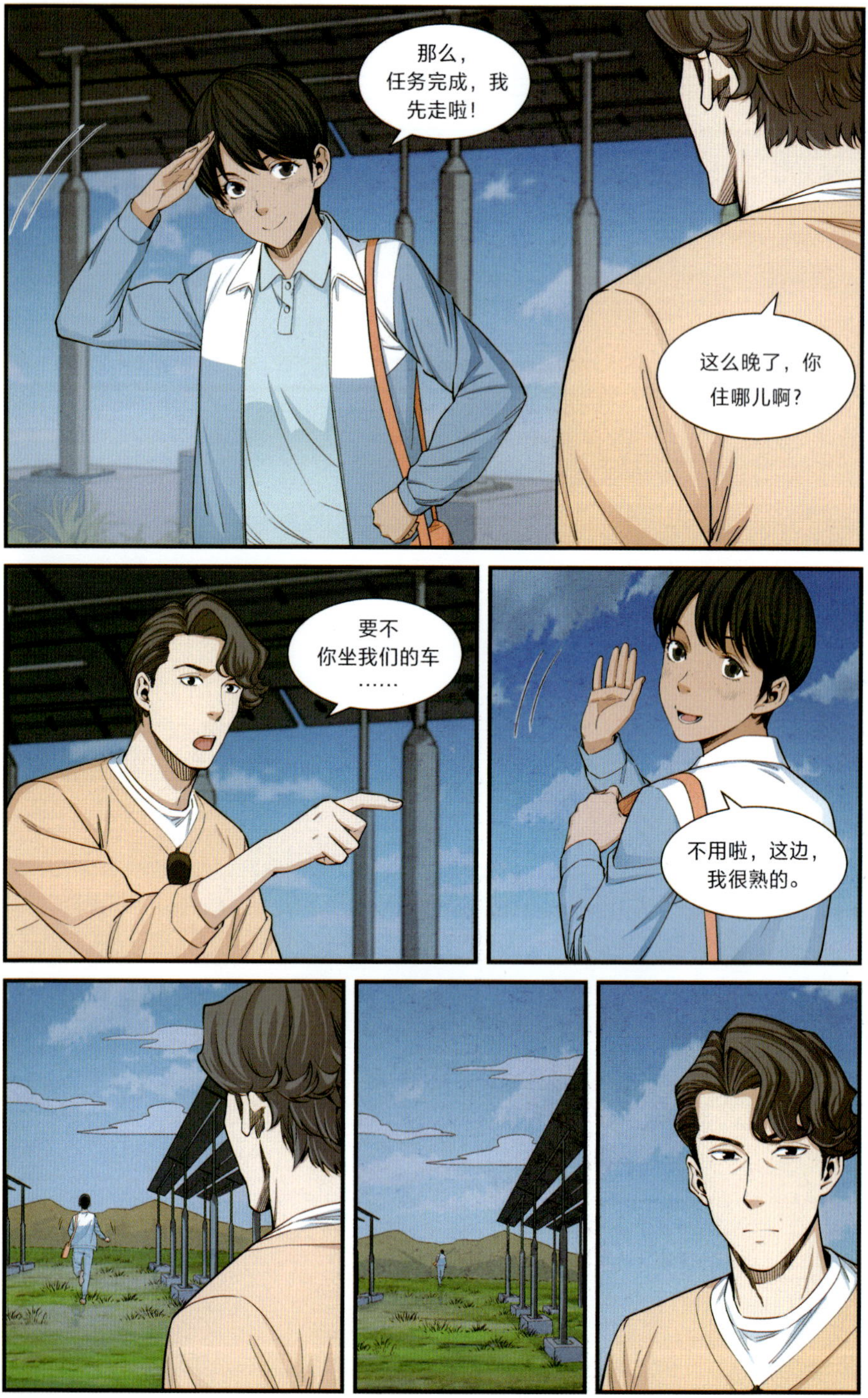

那么，
任务完成，我
先走啦！
这么晚了，你
住哪儿啊？
要不
你坐我们的车
……
不用啦，这边，
我很熟的。

老白,刚才听您讲的时候,感觉您对各个时期不同型号的电池板都如数家珍啊。

我在这行干了十几年,一直做的都是电池板。

看到自己造的东西能给当地百姓带来这么多好处,我也很自豪啊。

当年最困难的时候,厂子里几个月发不出工资,而且全国各地的工厂都在关门,我还以为要做不下去了。

结果普耀收购了我们厂,雷总还让我主导做了产线升级。

要知道,我们的产线可是国内最早一批由BSF(铝背场电池)技术升级成PERC(发射极钝化和背面接触电池)技术的。那都是六七年前的事儿了。

等……等一下，您说的BSF和那个什么PERC是指光伏电池片的生产工艺之类的？
是的！这些复杂名词，您可以忽略，总之就是升级之后的电池板能量转化率更高，平均发电成本更低。
那PERC是现在最先进的技术吗？
BSF算是第一代技术吧，到了2017年市场占有率仍超过80%。
但这个行业技术更新太快了，也就三四年时间，2021年吧，国内生产的电池片，90%以上都变成第二代技术PERC喽。
其实，我们早就开始研究第三代技术的升级改造了，两个月前还提交了一份方案。
不过技术升级需要花不少钱，还得让现在的产线停产好几个月。
这种大事，还是等集团来拿主意吧。

进阶吧!投资者课堂

雪球 出品

大家好,今天给大家请来的是熟悉光伏产业投资的雪球人气用户——超基能力。

请她跟大家聊聊光伏的技术升级对投资有何影响。

大家好,我是超基能力。

光伏的技术升级对投资有何影响?

光伏的本质是利用半导体的光生伏特效应,将光能转换为电能。

目前光伏电站使用的太阳能电池主要是晶硅太阳能电池。

光伏产业链主要包含上游的硅料,中游的硅片、电池片、组件,下游的电站,以及玻璃、支架等辅材。

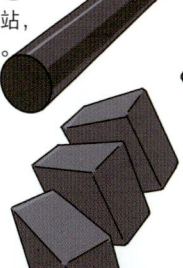

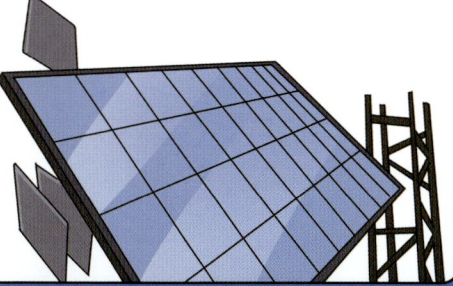

光伏产业的技术升级就是在不断地提高光电转换效率并降低成本，主要的技术革新还是集中在硅片和电池片环节。

投资者该如何认识技术升级对光伏产业的影响呢？

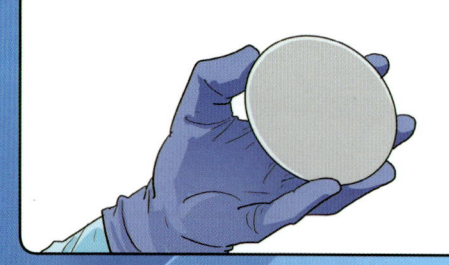

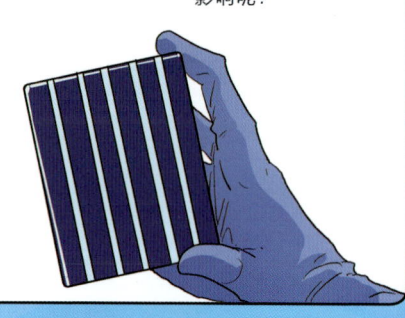

首先，技术进步将推动产业链的爆发式增长。光伏产业链是在碳中和、新能源的背景下发展起来的，离不开政策的支持，也离不开产业链的技术革新和降本增效。

2020年起，光伏产业链进入了平价阶段，在经济性方面创造了成长空间，产业链进入了快速增长阶段。后续光伏产业链经过持续降本，将有机会迎来光储平价*阶段和集中式电站的放量。

其次，每一轮的技术引领企业将有机会成为行业龙头。相关企业和环节将拥有较强的议价能力和盈利能力。当前产业链的龙头企业都在布局新型电池技术，以确保自身的竞争优势。

*光储平价即光伏发电加储能的成本和火力发电成本相同。

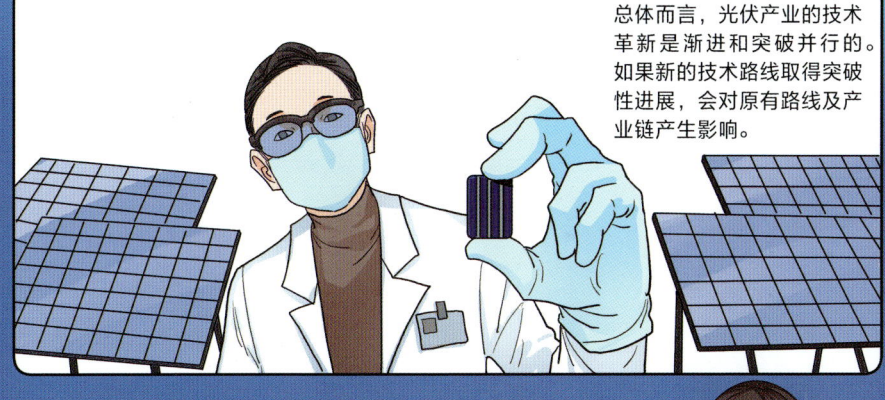

> 从估值角度来看，技术的革新和升级将扩展产业的成长空间，从而提升行业的估值中枢。

新技术

> 总体而言，光伏产业的技术革新是渐进和突破并行的。如果新的技术路线取得突破性进展，会对原有路线及产业链产生影响。

> 光伏产业的每一次技术革新都会带来整条产业链的爆发式增长。技术革新会提升行业的估值中枢，所以每次技术进步都会造就新的行业龙头。
>
> 就像老白说的，普耀正面临第三代技术升级。普耀高层将如何考虑这件事？这是不是导致普耀业绩不如预期的原因？后续陈丙伸又会有什么新发现？

风险提示：漫画内容仅供参考，不构成投资建议，相关观点及意见不代表雪球立场，亦不代表雪球对其中任何行业或相关公司的判断。内容中数据来自万得。

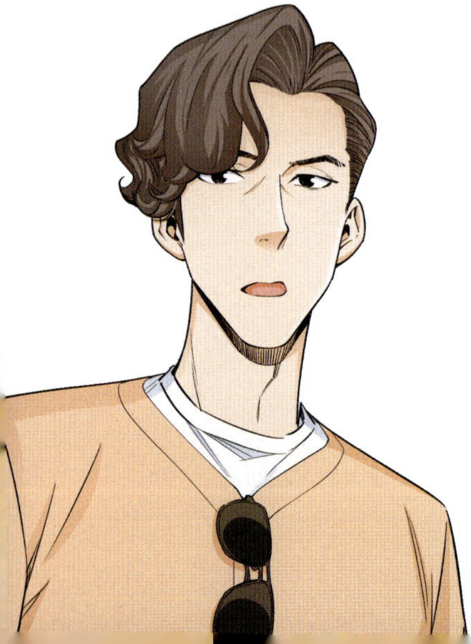

第六话
进入无人区

20个月前

嗨！老大。

不是吧！

你这么快就把技术资料搞到了？

我之前和几个光伏设备供应商打过交道,专业人士手上的资料都是现成的。

目前光伏电池板第三代技术路线大概有三条:TOPCon(隧穿氧化层钝化接触)技术、

HJT(具有本征非晶硅层的异质结技术)、IBC(叉指状背接触电池)技术,我们先重点看一下TOPCon和HJT吧。暂且简称它们为T和H。

T技术的产线可以由现有的第二代技术产线改造升级而成。

1吉瓦产能只要在原产线基础上增加5000万~7000万元的预算。

H技术步骤少，良品率和转化效率都更高，电池的衰减速度还低。

但就是成本太高了，现在几乎所有的环节都比第二代技术要贵，1吉瓦的H技术电池产能投资要4亿～5亿元。

既然那个老工程师说升级还要停产，那就是在现有的产线上做升级，肯定指的是T技术。H技术的话，就得完全重建了。

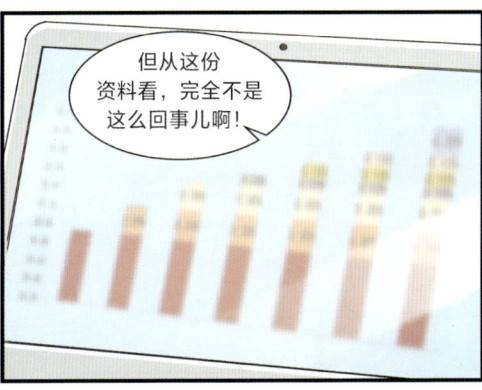

原来如此……

但从这份资料看，完全不是这么回事儿啊！

我还以为只要花钱升级一次产线就能完成换代。

制造业的很多技术只能在产线落地后逐渐完善。T技术产线刚建成的时候，电池的转化率只能达到24%左右，比第二代只高一点点。

之后还有六七个维度可以优化，很多细节都必须由企业在生产过程中根据自身经验逐渐改进。

效率提升1%都需要付出巨大的努力。

现在

啊?我也以为升级只是一次性的换代,原来还有那么多后续工作……

这么看来技术选型的难度好大啊……会直接影响公司未来的发展路径。

那是当然,如果只要一次升级就能坐享其成,光伏产业的巨头们也不会在电池技术路线的选择上慎之又慎了。

第二代技术从占据不到10%的市场份额到现在占据90%的市场份额用了7年,而第三代技术的竞争很可能会在T技术和H技术之间展开。

但从更长远来看,这两条路线也都是过渡技术,未来必然被其他效率更高的技术取代。

技术升级真是一场无止境的修行啊……

我基本明白了。

20个月前

对了,你出差都快俩礼拜了吧?有什么变故,让你这么紧张?

由于世界经济整体下行,加上受疫情影响,全球大量订单集中涌入我国。

那是好事啊,今年的出口额铁定创纪录了。

但这也意味着今年咱们的原材料和能源消耗量都会迎来一轮暴涨。你千万要小心其中的风险。

我相信你的能力，但还是要嘱咐一句。
光伏产业的每个节点都很复杂，你要尽可能地厘清各个环节的关系后再做判断。
好好好，我知道啦，不就是“要注重事物之间的普遍联系”嘛……
你念叨了那么多次，耳朵都快听出茧子了。
今天跑一天累死了，我去睡了！
这小子……

有进展了？

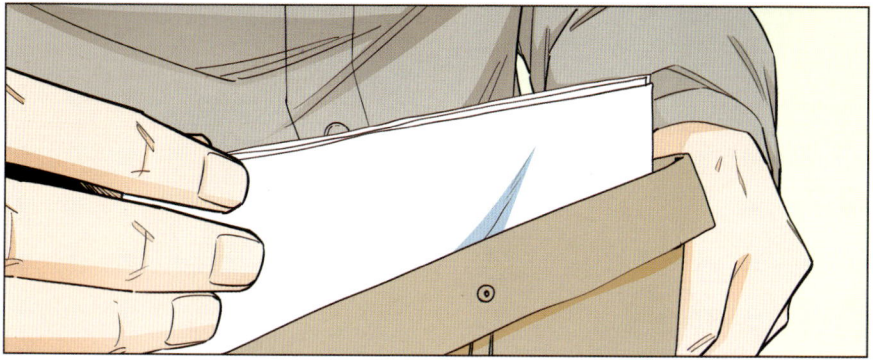

嗯！

聂谨
特别商业顾问

这是……

是的。

我上周去拜访过的赢达微电的高经理?

和他在一起的……是周氏集团总裁助理李晓？

李晓和高经理见面的时间就是你们会面的那天晚上。

这么说，第二天李晓给我打电话提出委托时应该知道我正在出差？

是啊，她作为总裁助理，能力十分出众。

否则周老也不会如此器重她。

而且……据说那个女人总能找到最合适的目标，然后潜移默化地引导对方的行为。

你的意思是……

那就要看他的了……

化学化工学院
正起科研大楼

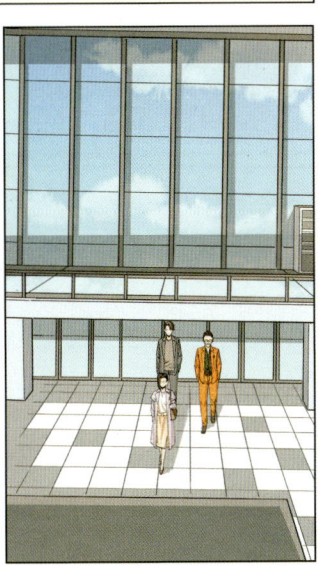

哥们儿，你今天精神不太好啊。
昨晚做了一宿噩梦……
对了，你昨天不是说要和家里开电站的哥们儿打听情报吗？有什么收获？
别提了，他在家不管事，天天花天酒地的，也说不大清楚。
只知道他家老爷子在吕梁投了个20兆瓦的光伏电站，年收入也就1300万元吧。

唉，真是少爷命啊……
可不……等等，你小子语气不太对！
雷总，您好。
实在不好意思，本来应该安排咱们在公司总部见面。
但今天有领导来这边考察我们参与的一个项目，我得亲自接待。
雷正起
普耀科技创始人

哪里，是我们打扰了。对了，这位是……

是隐星的陈丙伸先生吧。您是《投资圈》杂志封面的常客，幸会！

您过奖了，我就是跟着来学习一下。

那么，我先给大家做个简单的介绍吧。

雷总，那边是研究什么的实验室啊？

那位是这所大学的兰教授，他领导的液流电池离子膜项目在国际上处于领先水平，普耀资助了他们的研究项目。

我们现在还没有储能方面的业务，主要是投资未来吧。
投资未来……
其实从全球角度看，中国的光伏和电化学储能产业已经逐渐进入一个无人区。
无人区？
就是在这个领域内，我们前面已经没有可跟随和学习的对象，去国外买设备也逐渐买不到了。

了不起……
很多东西想要发展，必须由中国人自己来实现产业化，甚至连最基础的学术论文都得靠中国人发。
不怕您笑话，我昨天晚上就看了几份光伏产业的学术论文，感觉头都大了。
这个行业技术更新很快，硅料、硅片、电池板、储能都有很多公司在做创新，稍不留神就会被落下。

即便如此，燃煤发电量依然占据着咱们国家总发电量的60%以上。

我们任重道远啊！

进阶吧！投资者课堂

雪球 出品

硅料有哪些用途？

大家好，我们今天为大家请来了雪球人气用户——价值投资历程，请他跟大家聊聊硅料有哪些用途。

大家好，我是价值投资历程。

硅是地球上第二丰富的元素，我们将硅按提炼纯度分为有机硅、工业硅和电子硅，硅料的用途非常广泛。

Si

有机硅作为化工中间体几乎被用于所有门类的工业，如化妆品、高透明度的玻璃纤维、防水涂布材料等。

工业硅的纯度在98%~99%，通常用于光伏产业。

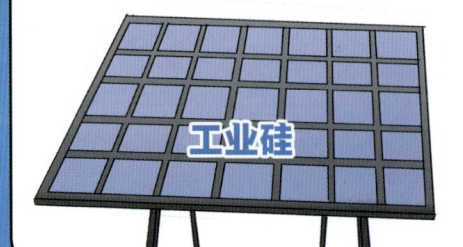

工业硅

电子硅有着优良的电学和机械等性能，是半导体的原材料。电子硅一般要求纯度在11个9*以上，高端芯片要求在12个9以上。

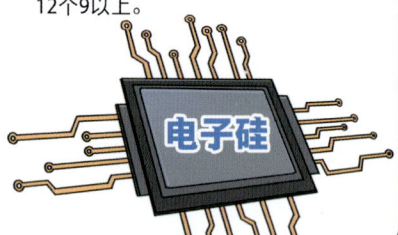

电子硅

在光伏产业中，硅料和光伏的关系相当于面粉和面包的关系。常说的单晶硅和多晶硅是加工过程中添加不同元素形成的。

单晶硅价格高，光电转换效率高，但容易产生热畸变；多晶硅价格低，光电转换效率低。目前光伏企业为了追求效率，多晶硅路线已经逐步被单晶硅路线取代。

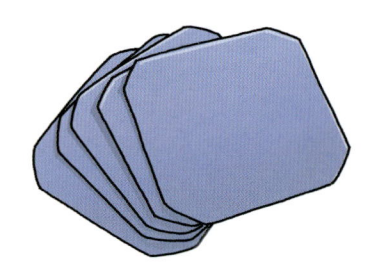

单晶硅片

多晶硅片

硅料的价格是动态的，主要由供需和品质两个因素决定。光伏电站的建设容量决定硅料的需求，硅料价格下降，也会刺激光伏电站建设。

纯度越高的硅料，价格越高；纯度越低的硅料，价格越低。选择哪种硅料取决于光伏企业的需求。

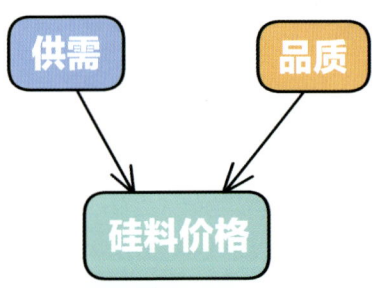

供需 → 硅料价格 ← 品质

*11个9指纯度为99.99999999999%。

风险提示：漫画内容仅供参考，不构成投资建议，相关观点及意见不代表雪球立场，亦不代表雪球对其中任何行业或相关公司的判断。内容中数据来自万得。

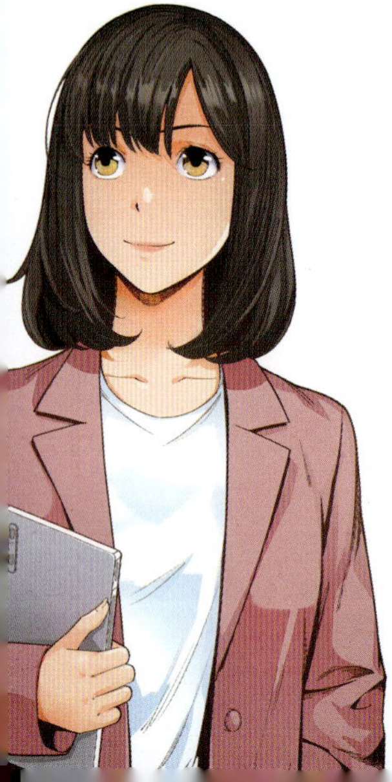

第七话
光伏的周期

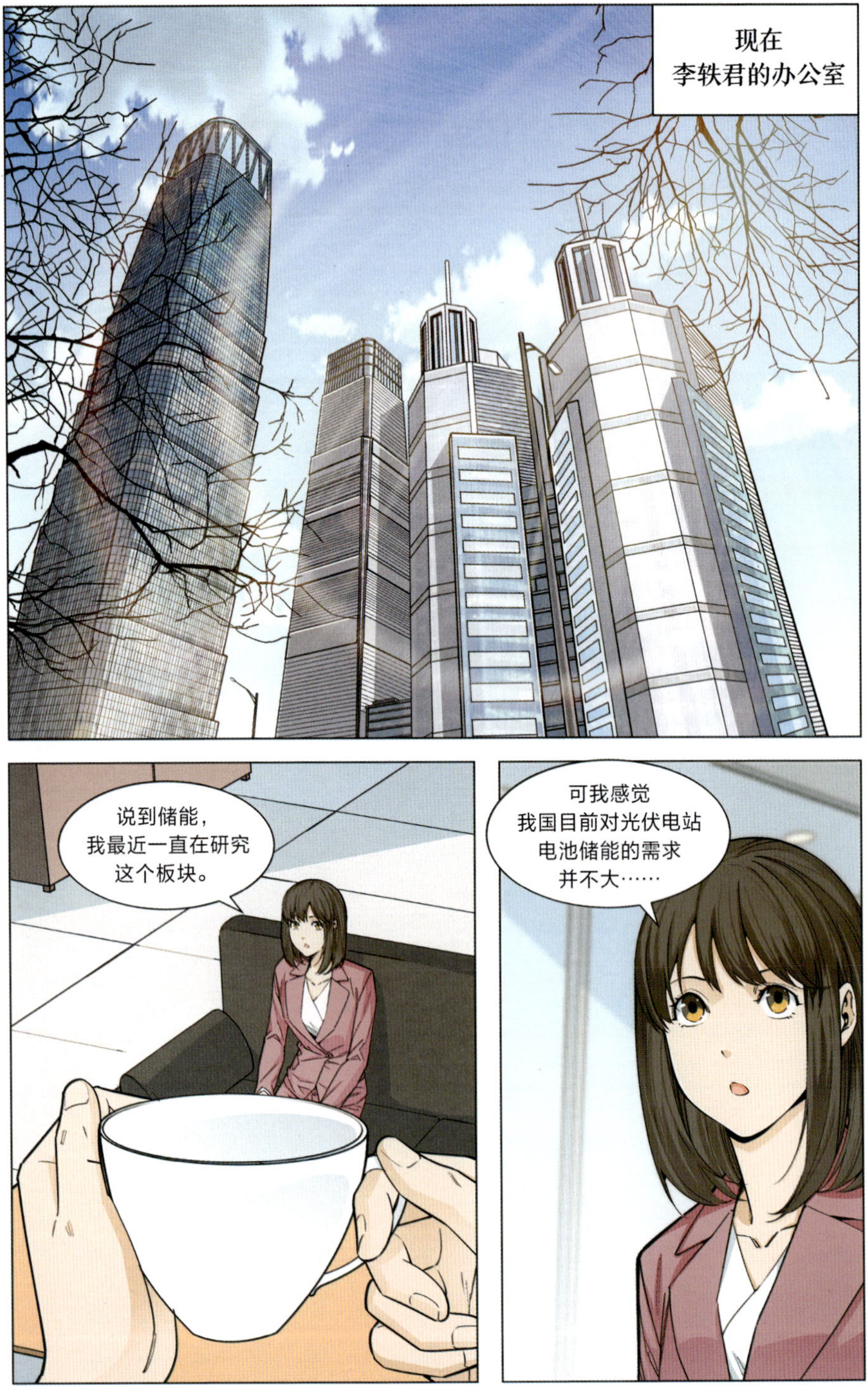
现在
李铁君的办公室
说到储能，
我最近一直在研究
这个板块。
可我感觉
我国目前对光伏电站
电池储能的需求
并不大……

哦?说说理由。

虽然咱们的光伏装机容量是全球第一,但总的用电体量太大了,2022年我国风力和光伏发电量在全国发电总量中的占比才刚刚突破10%。

这意味着总占比超过60%的火电依然有充分的调峰*能力,何况还有价格低廉、技术成熟的抽水蓄能方案,现在花那么多钱做昂贵的电池储能是很不划算的事吧?

或许面向欧洲会比较有市场?

毕竟荷兰、丹麦这些国家的风光发电占比都超过20%了……

*调峰:由于全国各地区不同时间的电力负荷并不均匀,发电部门需要相应地改变发电机的出力,以适应电力负荷的变化。

可是，如果我告诉你，国家发改委能源局的一份报告预计，
到2050年，我国光伏发电量会占到总发电量的40%，成为非常重要的电力来源呢？
啊？！那就不一样了！
40%啊……
那么像电池储能这种当下不赚钱但未来肯定要大力发展的技术，我们还是要……

要盯紧政策!

这么说,现在的电池储能不是和光伏发电的早期状况很像吗?

我明天就去研究一下各部委和地方政府在电池储能方面推出的相关政策!

今晚我就开始搜集相关资料!

嗯,总算摸到点儿门道了。

20个月前
这就是我们普耀的一些基本情况，希望没让大家失望。
雷总，您太客气了！
说实话，昨天您安排的参观让人印象深刻！

沙漠里矗立着数不清的太阳能板，一直铺到天边，那种震撼的感觉……

很多事情看纸面数字没感觉，必须身临其境才能真正体会。

不瞒陈先生，我从小就是在那片沙堆里长大的……

那是一片除了毒辣的太阳、狂风和黄沙，什么也不会生长的地方……

人们几乎在那里看不到希望，除了逃走，别无选择。

所以,我在光伏治沙的项目上也帮忙出过各种方案。你们不会觉得我不务正业就好。

不,我相信您是合格的企业家,是在很好地履行企业社会责任。

但……也请雷总理解,我是投资人。

总要试着找到回报率最高的投资策略。

这也是我的职责。

我理解。

你们这几天要调研哪里都可以,我跟秘书都打好招呼了。

好的,那我就不客气了。

第一周

第二周

第三周

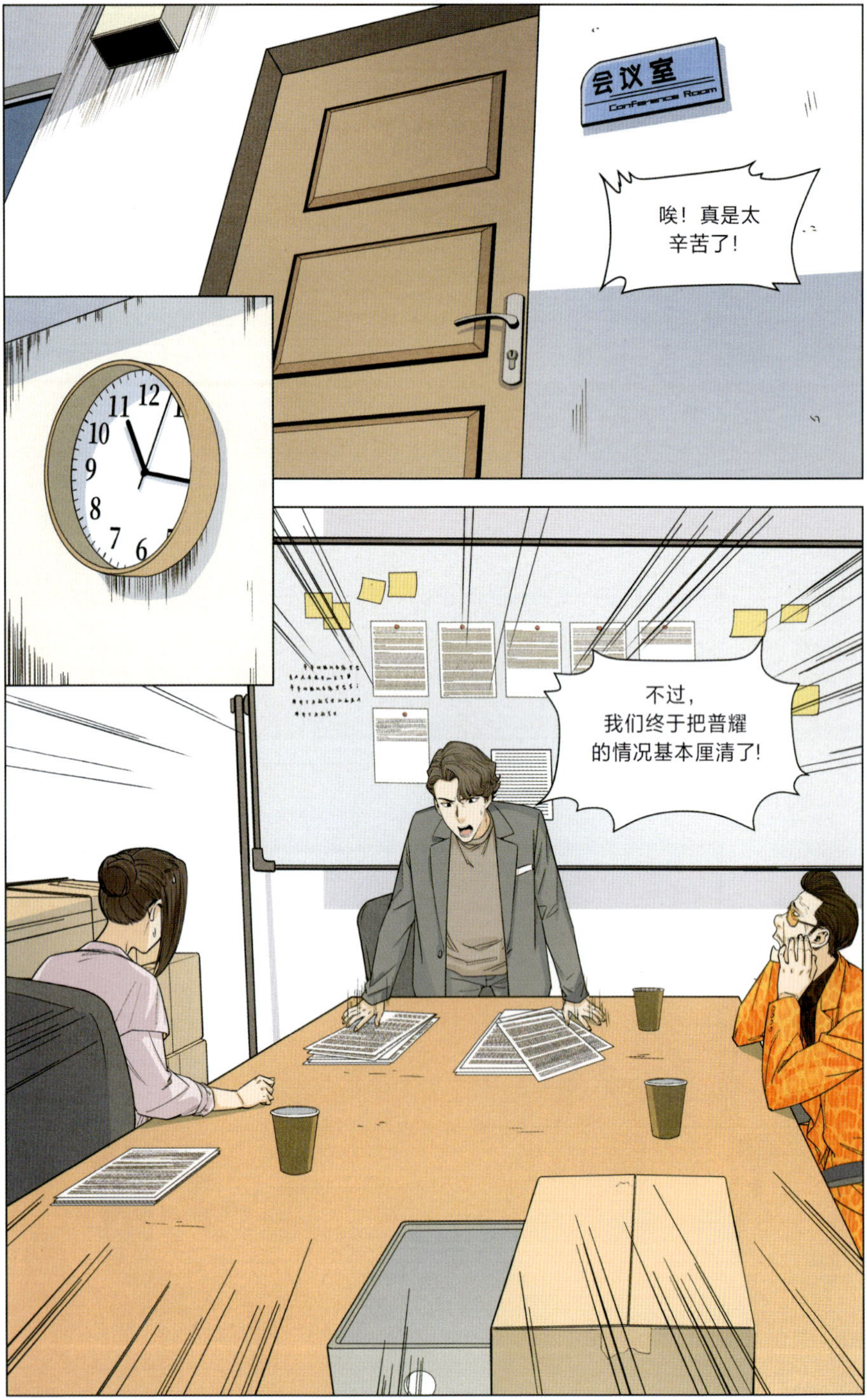
会议室
Conference Room
唉！真是太
辛苦了！
不过，
我们终于把普耀
的情况基本厘清了！

投资
调研原来这么
复杂！头都
要炸了！

好了，
好了！别抱怨了
大少爷，先总结
一下吧。

目前，普耀
总共由三块业务
组成。

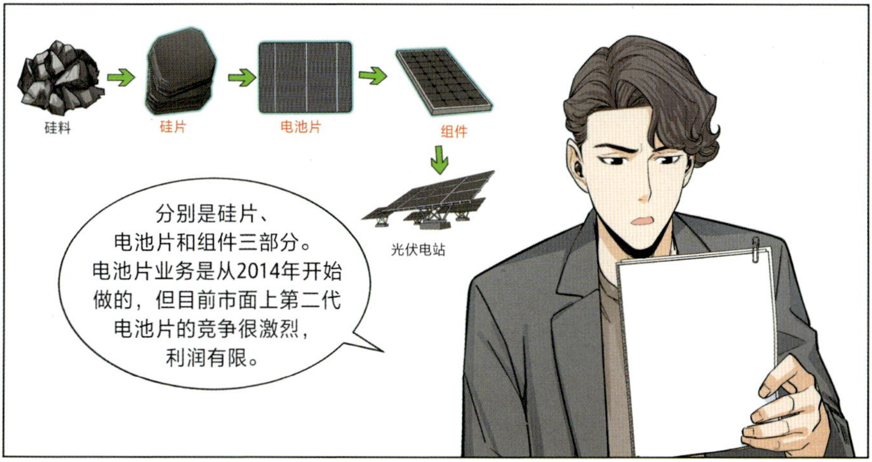
硅料
硅片
电池片
组件
光伏电站
分别是硅片、
电池片和组件三部分。
电池片业务是从2014年开始
做的，但目前市面上第二代
电池片的竞争很激烈，
利润有限。

硅片产线是2018年之后启动的，设备和技术都不错，可以生产高品质的单晶硅。

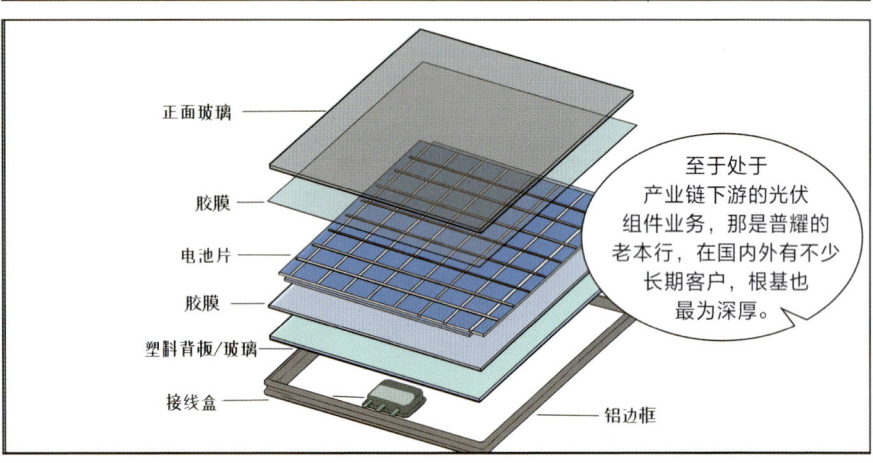

正面玻璃
胶膜
电池片
胶膜
塑料背板/玻璃
接线盒
铝边框

至于处于产业链下游的光伏组件业务，那是普耀的老本行，在国内外有不少长期客户，根基也最为深厚。

我记得组件方面的负责人之前很自豪地跟咱们说，他们现在完全具备独立运营的能力。

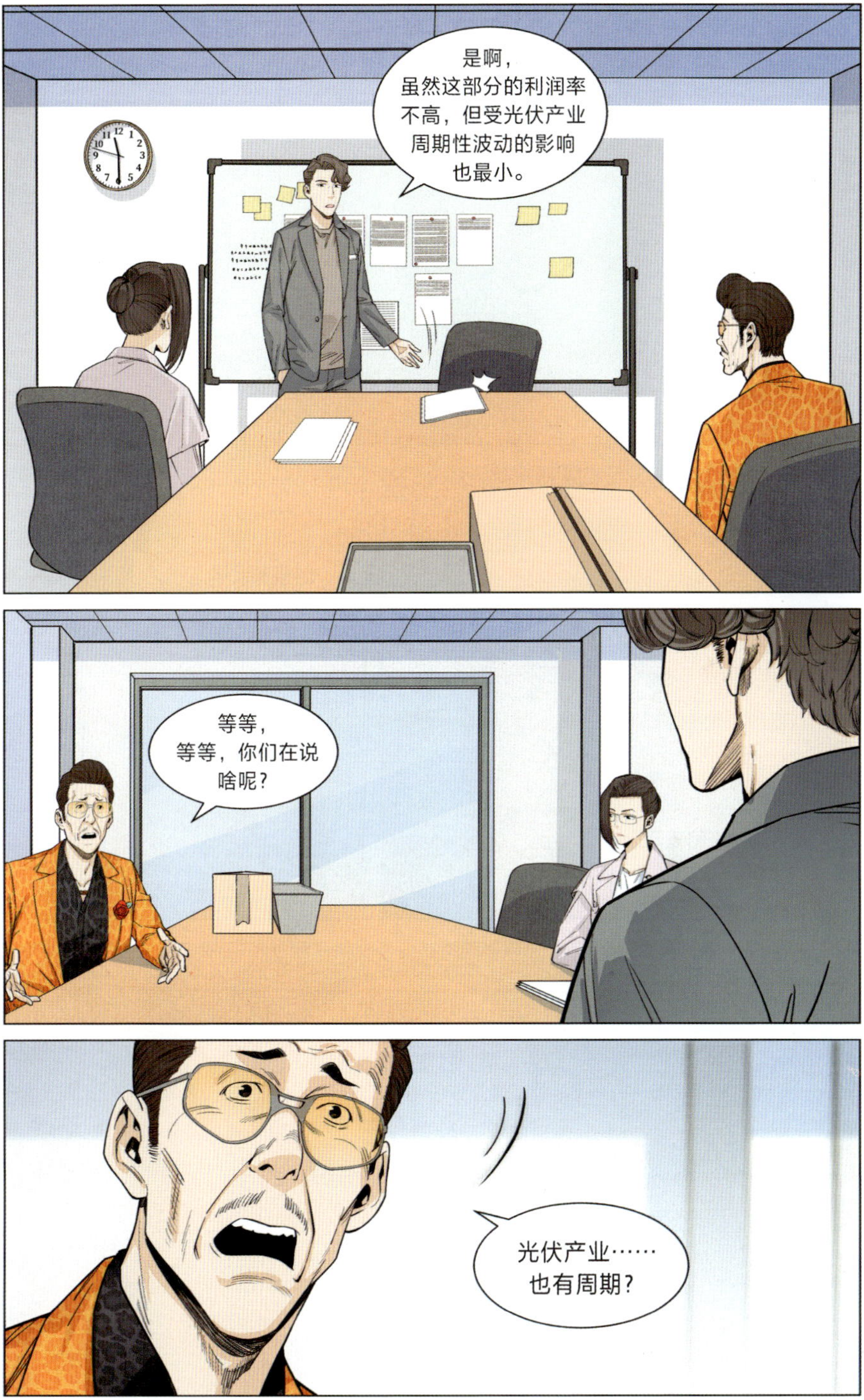
是啊，
虽然这部分的利润率
不高，但受光伏产业
周期性波动的影响
也最小。
等等，
等等，你们在说
啥呢？
光伏产业……
也有周期？

现在

光伏产业也有周期吗？

而产能落地时的价格可能和当初决定投资时有着天壤之别。

任何重资产行业从投资到产出都要经历一定的时间，毕竟从拨款建设到工厂投产需要一个过程。

在整个光伏产业中，最上游的硅料是周期性体现最充分的环节，在一个周期中能有好几倍的价格波动。

比如
2003年，欧洲光伏市场逐渐升温，硅料价格一路高涨，每千克从20多美元涨到了2008年的400美元。

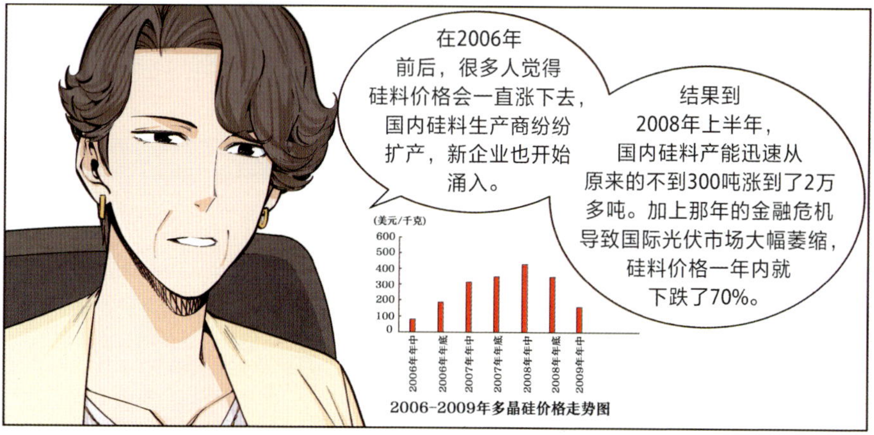
在2006年前后，很多人觉得硅料价格会一直涨下去，国内硅料生产商纷纷扩产，新企业也开始涌入。
结果到2008年上半年，国内硅料产能迅速从原来的不到300吨涨到了2万多吨。加上那年的金融危机导致国际光伏市场大幅萎缩，硅料价格一年内就下跌了70%。
(美元/千克)
600
500
400
300
200
100
0
2006年年中
2006年年底
2007年年中
2007年年底
2008年年中
2008年年底
2009年年中
2006-2009年多晶硅价格走势图

什么？
那不是比猪周期的波动还要大！

进阶吧!投资者课堂

雪球 出品

大家好,目前很多主动型基金中都有光伏领域的持仓。

今天我们请来了兴证全球基金投顾"主动派滚雪球"的主理人——张济民,请他和大家交流一下如何在波动的市场中选择主动型基金。

大家好,我是张济民。

在波动的市场中,如何选择主动型基金?

在波动的市场中,我的建议是不要追逐热点,不要做过多的主观择时判断。

把选择和判断的权力更多地交给基金经理,控制对于基准的跟踪误差,寻找真正可持续的阿尔法,也就是超额收益。

具体到选基金时,我会主要关注以下三点:

长期历史业绩

一是长期历史业绩。我们需要对长期历史业绩做排除项,此外还要看稳定性,不仅要长期业绩好,而且要稳定性好。

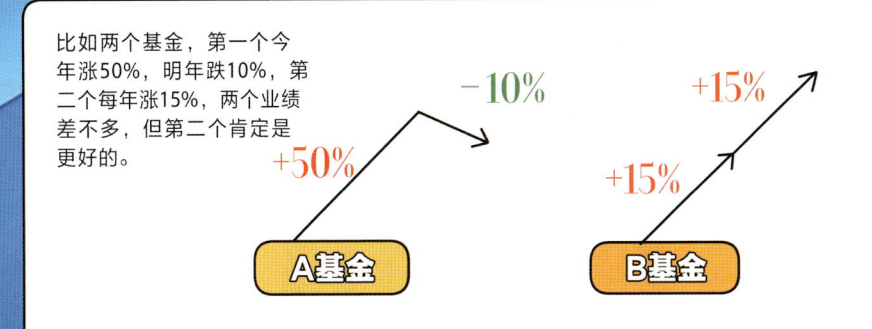

比如两个基金，第一个今年涨50%，明年跌10%，第二个每年涨15%，两个业绩差不多，但第二个肯定是更好的。

-10% $+15\%$

$+50\%$ $+15\%$

A基金　　B基金

二是投资风格。我们更偏好投资风格稳定的选手，不会因市场而动摇投资理念，市场经历过非常多的风格调整，每个时间段肯定有人跑得特别好。

投资风格

如果这时基金经理因羡慕别人而改变投资风格，那它对我们来说就不是很好的基金了。

反之，在任何时候都能坚持自己的投资框架……

哪怕短期业绩承受压力，但只要能扛住，长期来说也不会太差。

三是盈利模式。企业有企业的盈利模式，基金有基金的盈利模式，权益类基金更是如此。

比如一个规模在2亿元左右的基金，历史业绩很好，但这种业绩可能是打新股打出来的，是不可持续的。

基金 盈利模式

还有些小规模基金，如果盈利来源是轮动做得好，也是不可持续的盈利模式。

均衡型基金

我们倾向于选择盈利模式稳定的基金，比如均衡型基金，他们看重的是企业估值，这种是更值得信任的。

我们在选择基金时要考虑基金的长期历史业绩、投资风格和盈利模式。这是我们在波动的市场中选择主动型基金的关键点。

光伏产业具有波动性周期，经过这段时间的调研，我清楚地知晓普耀布局了硅片、电池片、组件三大业务，也算是平抑波动的举措。接下来就看有什么方案可以提升业绩。

风险提示：漫画内容仅供参考，不构成投资建议，相关观点及意见不代表雪球立场，亦不代表雪球对其中任何行业或相关公司的判断。内容中数据来自万得。

第八话
破局

现在李轶君的办公室

这……这么夸张？！

那不是比猪周期的波动还要大！

那是当然。

猪周期是以猪的生长规律为底层逻辑的，而光伏周期全然不同。

在最近20多年里，对光伏行业影响最大的往往是不可预期的非市场化因素。

欧洲环保运动兴起、各国大规模补贴政策出台、金融危机、双反制裁、进出口管制、地缘冲突等，都曾引发市场的剧烈变化。

那是不是可以理解成……对光伏产业影响最大的一直是政策。

要么是其他国家的政策？

要么是我们的政策，要么……

嗯，总结得很到位。

不过,政策是无法预测的,光伏产业就是生存在这样阴晴难测又风雨不断的气候中。

即使是行业龙头,也经常出现一年赚回过去数年亏损的钱,或者一次行差踏错造成巨额亏损的情况。

为了平抑这种不确定性引发的波动,很多光伏企业都会有意无意地向全产业链发展。

毕竟在风云变幻的大海上，越大的船越难倾覆。

20个月前

怪不得普耀把摊子铺这么大……

这算什么，国内还有好几家业务范围从上游硅料一直覆盖到末端光伏电站的巨无霸呢。

那普耀
的业绩不理想，
是因为船还不
够大？
毕竟咱们
这些天考察的工厂
管理得都挺有秩序，
集团员工的士气也
不错……
确实有这方面
的原因。
自从咱们
国家宣布碳达峰
和碳中和的大目标，
硅料就一直在涨价。

但普耀自身没有硅料产能，三块主营业务都受到了原材料价格上涨的冲击。
指出一个我们无能为力的问题可不算什么解决方案。
而且未来几个月国内会有不少新投产的硅料产能，价格预计很快就会回落。
这个嘛……
说得也是……

那咱们建议董事会升级电池片的产线？

老白他们不是已经整出一套方案了吗？

不行，这个提议缺乏说服力。

为啥？

即使产线由第二代技术升级到第三代的T技术……

电池的转化率也不会出现立竿见影的提升，毕竟新技术后续还有很长的升级路线。

这个过程中的风险和变化难以预测，但升级产线的投资和停产造成的损失是实实在在的，况且升级产线也不便宜，会让普耀的流动资金捉襟见肘。
那怎么办？按照你这么说……
那不是完全没有突破口了吗？！
现在看……不容易……
别那么急着下注，投资不是赌博。
我们现在还缺少足以做出决断的关键信息。

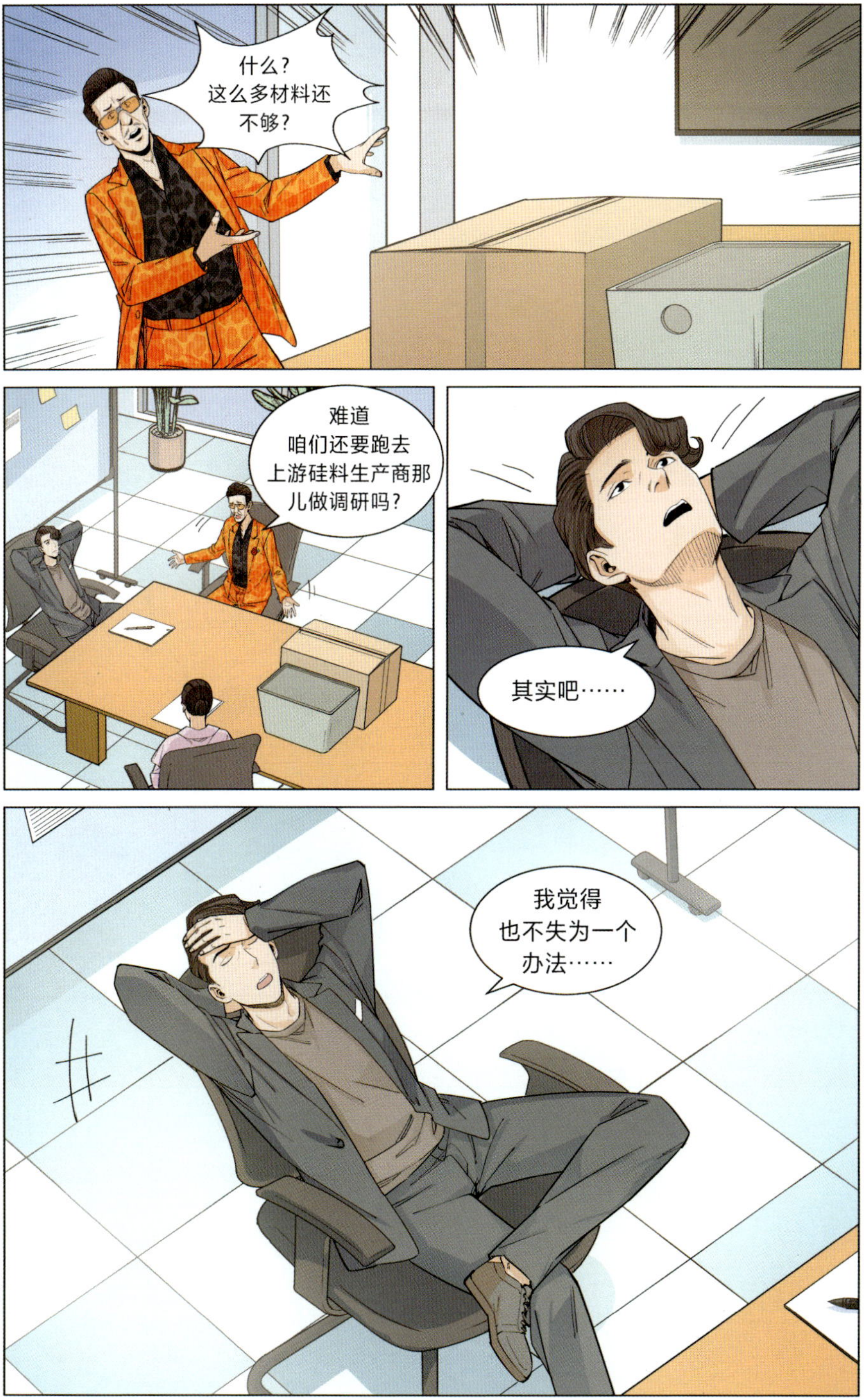
什么？
这么多材料还
不够？
难道
咱们还要跑去
上游硅料生产商那
儿做调研吗？
其实吧……
我觉得
也不失为一个
办法……

你说得对！
有线索就不能放过，我马上查一下。
啊？玩……玩真的？！
那个……我只是说说而已呀……
国内的硅料生产厂，好像很多集中在四川和新疆。
这并不奇怪。
硅料是高耗能产品，相当大一块成本是用电，肯定找电价便宜的地方设厂。

等一下……
耗能?

由于世界经济整体下行,加上受疫情影响,全球大量订单集中涌入我国。

但这也意味着今年咱们的原材料和能源消耗量都会迎来一轮暴涨。你千万要小心其中的风险。

今年我国的能源消耗量会因制造业订单暴增显著增大……
而我们目前最主要的能源来自……
煤电发电量依然占据着咱们国家总发电量的60%以上。
煤电……是煤炭！

说到煤炭……

我去年看石油价格跌到熔断，吓得赶紧把手上那几家能源公司的股票全都卖了。结果美联储玩命"放水"，今年石油和煤炭一个劲儿地涨。

看得我那叫一个心疼。

3月1日，"危险作业罪"入刑。各地依法严惩矿山超采，清退表外产能。

再加上……

娜布其好像也说过……

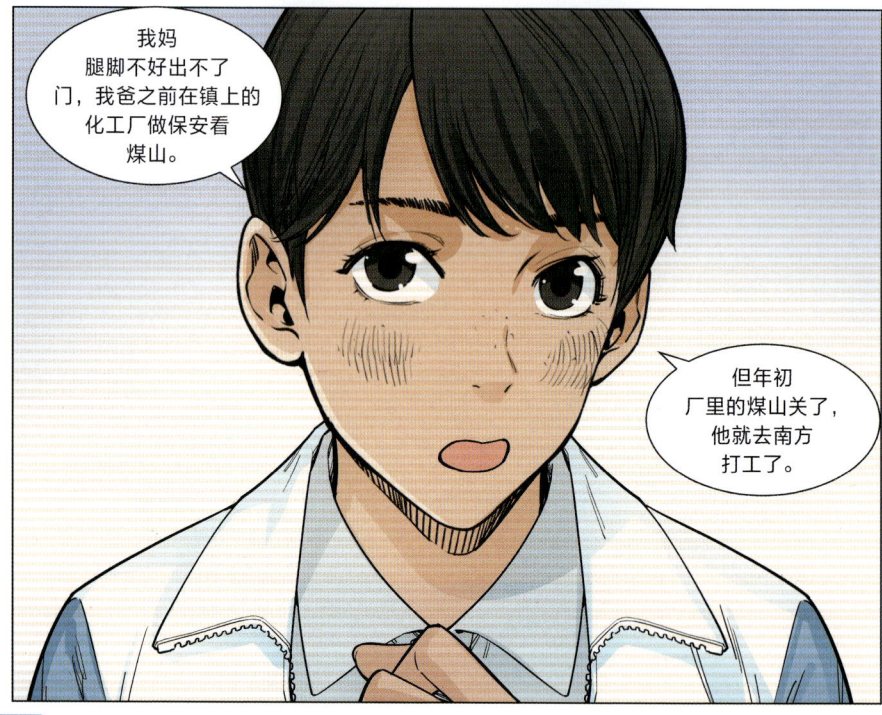

我妈腿脚不好出不了门，我爸之前在镇上的化工厂做保安看煤山。

但年初厂里的煤山关了，他就去南方打工了。

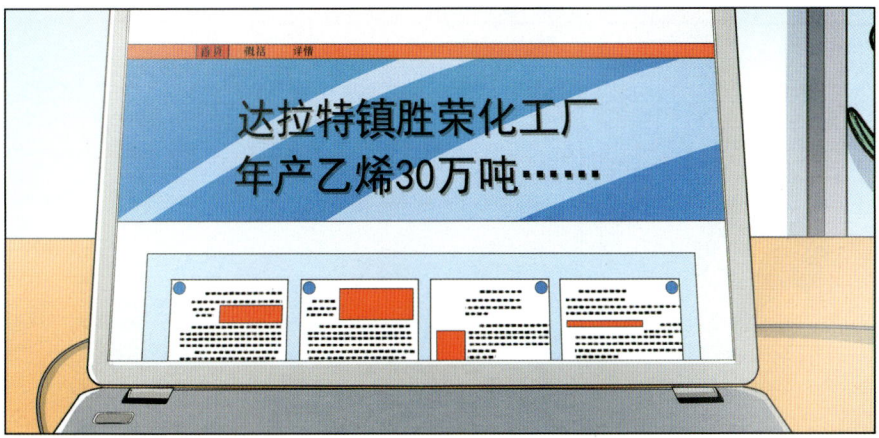

所以……

给我看一下！

怎么了？

达拉特镇胜荣化工厂
年产乙烯30万吨……

你是……有什么发现吗？

就是它！那家化工厂的生产原料是……

那家厂挨着河口，是生产乙烯的，我们电池板上的EVA和POE胶膜就是用那种材料做的。

咔

采用先进的煤制烯烃工艺

采用先进的煤制烯烃工艺……

喂！你到底怎么了？

说呀！你找啥呢？

是不是有什么发现？

是发现了破局的关键……

就在这里！

进阶吧！投资者课堂

大家好，今天为大家请来了雪球的人气用户——痛快舒畅。

请他和大家交流一下高端制造企业需不需要向全产业链发展。

大家好，我是痛快舒畅。

高端制造企业需不需要向全产业链发展？

高端制造企业向全产业链发展的核心逻辑是要自主可控。

在关键环节一定要有可控的体系，这个体系可以是自己的全产业链，也可以是可控的合作公司。

很多公司用交叉持股的方式来实现合作的可控，以汽车制造业为例，很多主机厂参股变速箱公司就是最好的例子。只有可控，才能避免"卡脖子"的现象出现。

像比亚迪这样具有高度创新性的公司，全产业链发展一方面是早期产业配套不完善的无奈之举，另一方面随着企业的发展壮大也变成拥有独有技术、进行深度创新与研发的先决条件。

自有技术

比如比亚迪最新发布的"易四方"技术平台和"云辇"车身控制系统，实现了原地掉头、爆胎安全停车、应急浮水及更高级别的悬架控制体系，这就是全产业链创新的典型案例。

再比如说高端制造业里的芯片行业。发展芯片全产业链的必要性在于想要实现基本的芯片自主可控，就需要在芯片的核心环节实现技术可控和产品可控。

IC设计 → 晶圆制造及加工 → 封装及测试

芯片全产业链包括IC设计、晶圆制造及加工、封装及测试环节，拥有复杂的工序和工艺。产业链上游的IC设计是知识密集型行业，需要经验丰富的尖端人才。

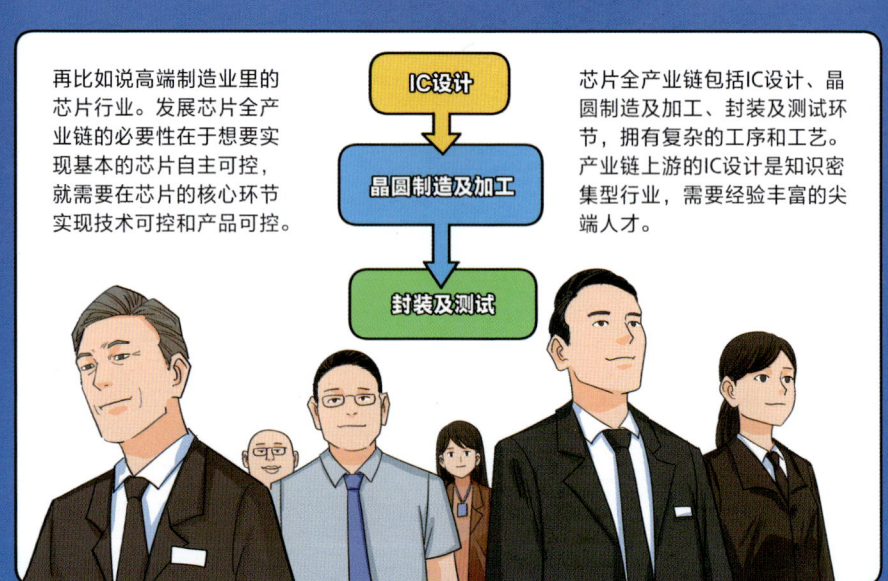

中游晶圆制造及加工的设备投入巨大，进入门槛极高，并且需要镀膜、光刻、刻蚀等关键设备的支持。对于下游封装及测试环节，目前我国具有相对的规模优势。

上海微电子就是向全产业链发展的案例，在拥有领先的封装技术的同时，研发的90纳米光刻机也取得了突破，具备了自主可控的可能性。

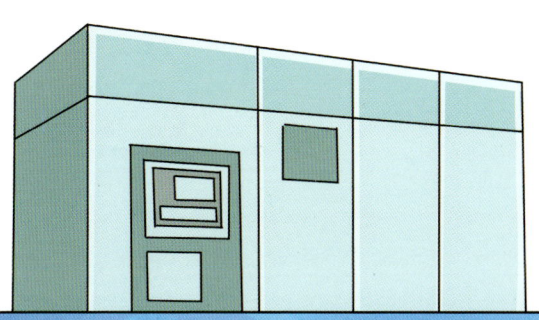

因此，核心环节有可控的体系，才能保证企业的持久发展。

对高端制造企业来说，能否向全产业链发展的核心逻辑是关键环节是否具有可控的体系，同时这也是决定企业能否持久发展的关键。

因为"耗能"二字，核心信息碎片被拼接了起来，想必我找到了关键性信息，普耀科技的破局就在这里！

风险提示：漫画内容仅供参考，不构成投资建议，相关观点及意见不代表雪球立场，亦不代表雪球对其中任何行业或相关公司的判断。内容中数据来自万得。

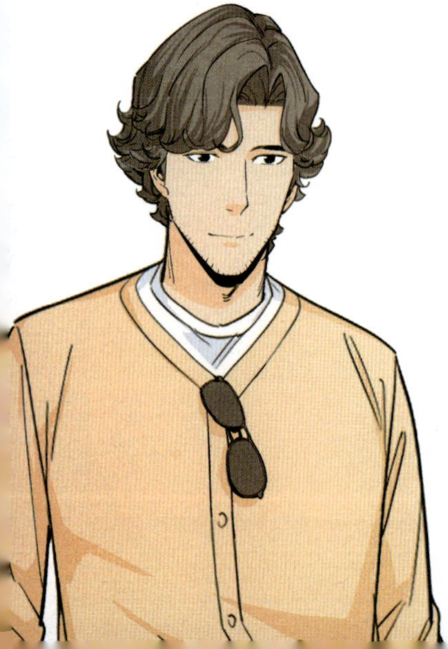